KB232912

보이는 일본어
(문법편)

이준서

제이앤씨
Publishing Company

머리말

    나라시대(奈良時代)-710~794-)에 중국의 한자음을 차용하여 사용하기 시작한 만요가나(万葉仮名)가 기원이 되어 이후 헤이안시대(平安時代-794~1185-)에 현재 우리가 볼 수 있는 히라가나(ひらがな) 가 탄생하였다.

    헤이안시대의 히라가나를 본격적인 일본의 고유문자의 기원이라고 할 수 있는데, 이후 지금의 현대일본어에 이르기까지 다양한 변모과정을 거쳐왔다. 이는 비단 히라가나 문자체계의 변화만을 의미하는 것이 아니라, 어휘구성, 문법체제 등 일본어 전반에 걸친 변화를 의미한다. 특히 히라가나의 탄생 과정에서도 엿볼 수 있듯이, 고대부터 외래 문화 수용에 있어서 적극적으로 개방적인 자세를 취해 온 일본인의 특성을 고려하면 일본어도 외부의 영향, 특히 외래어와의 접촉 과정에서 다양한 변모과정을 보여왔을 것이라고 쉽게 예상할 수 있는 것이다.

    본서는 일본어문법 관련 수업용 교재로 개발된 것으로, 변모하는 현대일본어의 문법현상에 초점을 맞추어 다양한 시각적인 자료를 풍부히 사용하여 특징적인 현대일본어의 변화 모습을 보여주려고 노력하였다. 이를 통해 체계적인 어휘력 향상은 물론, 현대일본어 전반에 대한 이해도를 제고할 수 있을 것이다.

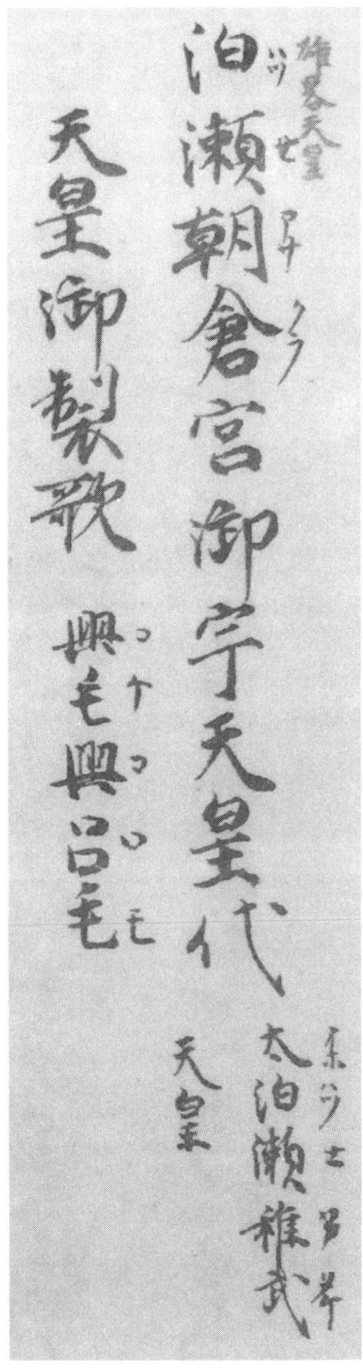

본서의 특징적인 코너와 그 목적을 정리하면 다음과 같다.

➡ なるほど！

일상생활에서 발견되는 다양한 언어적 현상을 앞에서 학습한 문법현상을 활용하여 설명하였다. 문법적인 시야를 가미한 쉬운 설명을 통하여 자연스럽게 일본어에 대한 의문점을 해결할 수 있는 코너!

➡ Q & A

해당 문법포인트와 관련하여 예상되는 의문점에 대하여 풍부한 시각자료를 활용하여 친절하게 답변하였다.

➡ 캐내기

해당 문법포인트와 관련하여 다양한 시점에서 일본어전문가가 기술한 자료를 부분적으로 직접 인용하여 이를 바탕으로 만든 문제에 도전해 볼 수 있다.

➡ 사진으로 보여주는 의미 코너 & MEMO

일부의 단어의미를 해당 단어의 전형적인 이미지(prototype-image)를 사용하여 시각적으로 제시하는 코너를 제공하였다. MEMO 등 빈 공간에는 학생들이 직접 연출하여 첨가하는 수업 중 활동에 활용할 수 있다. 단어의 의미는 단순한 한국어번역이 아닌 것이다.

➡ 일본어의 대형코퍼스(BCCWJ)를 활용한 생생한 예문 제시

예문의 제시에 있어서는 문법현상의 설명만을 목적으로 한 작의적인 예문은 가급적 피하고, '문어체균형코퍼스'(BCCWJ)를 통하여 일본인들이 일상생활에서 실제로 사용하는 자연스러운 일본어를 풍부히 차용하였다.

➡ 한국어 번역 부록

일본어 예문, '캐내기' 등에 대한 한국어 번역을 부록으로 분리함으로써 일본어문법 관련 수업교재로 사용하는데 있어서 수강자의 강의 집중도를 높이려고 하였다.

목　차

보이는 일본어

프로야구 선수의 로마자
등번호

유아용 히라가나 학습용
도구

安 あ あ
以 以 い
宇 宇 う
衣 衣 え
於 た お

만요가나에서
히라가나로의 변화

일반인의 명함 속의
로마자 표기

일본어의 문자는 만요가나(万葉仮名) 이후 쿠즈시자(くずし字)의 과정을 거쳐 지금의 50음도에서 보여지는 형태로 정착되기까지 오랜 기간 다양한 변천과정을 거쳐왔다. 히라가나의 50음도 체계가 완성된 이후로도 1936년 내각고시(「現代仮名遣い」)에 의해 「ワ行」의 「ゐ」「ゑ」가 삭제되는 등, 50음도를 바라보는 현대 일본인들에게 히라가나의 원류인 만요가나 의식은 거의 사라졌다고 해도 과언이 아닐 것이다.

일본어의 변화는 비단 문자 체계 안에서만의 문제가 아니라, 일본어 전체에 있어서도 상용한자(常用漢字) 수의 증감, 로마자(ローマ字)의 히라가나 대용, 휴대폰 등에서 빈번이 사용되는 그림문자(絵文字)의 대두 등에서 알 수 있듯이 지금 이 순간에도 현대일본어는 끊임없는 변화과정에 놓여 있다고 할 수 있다.

히라가나의 탄생 자체가 중국의 한자문화를 적극적으로 수용하면서 역사적으로 외래문화에 개방적인 자세를 취해 온 일본인들의 습성을 반영한 것이라고 할 수 있는데, 현대일본어는 끊임없이 새로운 변화 국면을 맞이하고 있다고 할 수 있는 것이다.

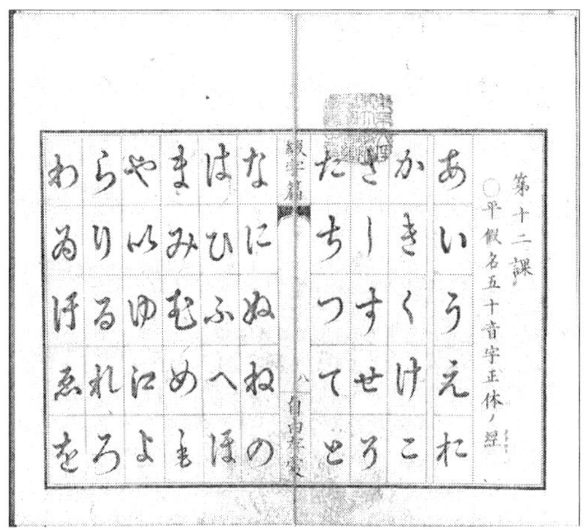

출처: 『綴字篇』(1873:1-2)

일본의 콤비 코미디언 그룹
「よゐこ」
출저: http://415yoiko.jp

「ヰ」의 출현 예시
출처: http://www.asahibeer.co.jp

위 자료에서도 확인할 수 있듯이 고대어의 50음도 체계에 존재하였던 히라가나 「ゐ」(/wi/)와 「ゑ」(/we/)가 현대어의 50음도 체계에서 완전히 자취를 감추었습니다. 이는 일본의 언어정책에 의한 언어의 간소화 과정의 하나로, 고대어에서 발음상의 구별을 가졌던 「ゐ」(/wi/), 「ゑ」(/we/)가 각각 「い」, 「え」와 발음상의 구별이 없어져 1936년의 내각고시에 의해 삭제했다가, 다시 '역사적 가나 쓰임「歴史的仮名遣い」)을 존중한다고 하여 1986년에 내각고시하여 재차 부활시킨 경위가 있습니다.

그러나 실제 언어사용에 있어서 그 필요성이 의미를 잃고 사라진 것을 인위적으로 되살리려고 하는 것에는 한계가 있어, 지금은 일부 그룹명, 상품명 등에서 고대어의 멋과 과거의 향수를 불러일으키려는 목적으로 사용하는 특수한 경우를 제외하고는 거의 사용되고 있지 않습니다.

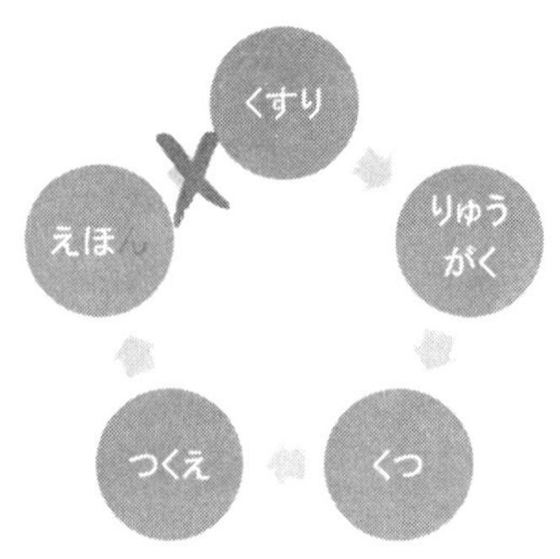

〈그림 0-1〉 끝말잇기(しりとり)예시

철자편(『綴字篇』, 1873)의 50음도의 체계 안에 「ん」의 모습은 보이지 않는다. 사전에서 「ん」의 단독 색인이 등장하기 시작한 것도 대일본국어사전(『大日本国語辞典』, 1919)에서 처음이다. 끝말잇기(しりとり) 게임에서 「ん」으로 끝나는 단어를 제시하면 무조건 '패'로 한다는 규칙에서도 알 수 있듯이 「ん」으로 시작되는 단어는 전무하다.

또한, 히라가나가 만요가나를 모태로 하여 변화된 것임을 감안하면, 해당 만요가나를 발견할 수 없는 「ん」은 다른 가나보다 훨씬 이후에 등장하였다고 예측할 수 있다. 실제로 「ン」이라는 가타가나가 처음으로 등장한 것이 법화경(『法華経』, 1058)에서인데, 다른 가나보다 탄생 시기가 가장 늦었고, 그 사용 목적 또한 외래어의 발음 표기용이라는 극히 제한된 목적으로 사용되었다. 이에 현재에도 「ん」은 일본어의 50음도 체계에서 다음과 같이 돌출된 형태로 포함되어 있는 것이다.

〈그림 0-2〉 현대일본어의 히라가나표 예시

0-3 생략어(省略語)

　최소한의 어구로 최대한의 정보를 전달하려고 하는 '언어 경제성의 원칙'은 어느 언어에서나 찾아볼 수 있는 일반적인 원칙이다. 일본어에 있어서도 이러한 원칙을 쉽게 발견할 수 있는데, 대표적인 것으로 생략어(「省略語」)를 그 예로 들 수 있다.

国研
-国立国語研究所-

〈표 0-1〉 일본어의 생략어 예시

생략방식	예
한자어의 생략	国研(国立国語研究所) 在日(在日韓国人) 自民党(自由民主党) 日経連(日本経営者団体連合)
カタカナ어의 생략	デパート(department strore) メルマガ(mail magazine) メルアド(mail address) エアコン(air conditional) アパート(apartment) コンビニ(convenience store)
한자와 カタカナ의 혼용생략	カラオケ(空オーケストラ) ネット取引(インターネット取引)

カラオケ
-空オーケストラ-

コンビニ
-Convenience store

　알파벳을 근간으로 하는 서양 언어권에 있어서도 acronym(頭文字略語) 현상은 아주 일반적인 현상이다 (ex. ASAP-As Soon As Possible-, BYOB-Bring Your Own Bottle- 등).

　그러나, 외래의 문화, 문명 도입에 적극적인 자세를 취해왔던 일본어에 있어서, 자국의 문자 이외의 외래의 문자(알파벳)을 그대로 차용하여 생략어를 만드는 다음의 'KY식 일본어'는 매우 이색적인 언어현상이라고 할 수 있다.

〈표 0-2〉 일본어의 KY식 일본어 예시

KY식 일본어	의미
A K Y	あえて空気読まない
A M	アホ丸出し
C C	超かわいい
D K	大事なところで噛む
H D	暇な時電話する
I H	意味不明
J K	女子高生
K Y	空気読めない

　KY식 일본어는 일반적인 단어 레벨의 축약방식에서 벗어나 구(句) 레벨에까지 축약 범위가 광범위하며 자유로운 것이 특징적이다.

1. KY어는 신조어라고 할 수 있는가?

2. 최근 KY어가 유행하게 된 배경은 무엇인가?

3. 신조어의 짧은 '유행주기'를 알 수 있는 단어의 예는?

4. 신조어가 일반에 널리 사용되어 거의 정착 단계에 있는 단어의 예는?

　じつは"KY語"は新しいものではなく、「MMK」(もててもてて困る)などは、戦前、旧日本海軍で使われていたものと同じという興味深いデータもある。「日本語はもともと頭文字をとって略すことが多い言語。これまでも『NHK』(日本放送協会)、『YKK』(吉田工業株式会社)などローマ字略語の企業名やサービス名などはありましたが、一般会話文をローマ字略語にするのが新しい」(北村氏)。

　このような新しいKY語が氾濫するようになった背景には、インターネットやメール、ケータイの影響が大きいという。日本語をローマ字で入力することが多くなったため、KY語が生まれる背景になったと考えられる。

　また、ケータイメールには通信料がかかり、多くの文字を使えばそれだけ料金がかかる。しかし、略語を使えばたくさんの文字を打たなくても済むようになるため、略語が流行る要因になっているとも考えられる。同時に、ケータイはディスプレイが狭いが、略語なら少ない文字でも事足りるというメリットもある。

　ローマ字略語のほかにも、寄せられた言葉には「W、(笑)、ワラ」「神」「ググる」な

　どインターネットで多用される語も多く、「コムる」というウィルコム関係の言葉も見られ、10代のインターネットやケータイへの関心の高さが感じられる。10代にはネットやケータイ文化が深く浸透しており、それが言語にも影響を強く与えていると言えるだろう。

出처: http://internet.watch.impress.co.jp/cda/teens/2008/02/21/18534.html

일반적으로 문장 도입부에서 서술부의 무드(mood)를 예고하는 역할을 하는 것을 진술부사라고 한다. 이러한 진술부사 중의 하나인 「全然」이 부정의 의미를 나타내므로 반드시 부정 서술부와 호응해야 한다는 것이 일반적인 문법규칙인데, 현대일본어에서 이러한 문법규칙이 파괴되는 경우가 종종 발견된다.

그러나 「決して」「必ずしも」「とうてい」「たいして」「めったに」「ろくに」 등 부정 서술부를 예고하는 모든 진술부사에 해당하는 현상이 아니므로 「全然」에 국한된 것이라고 봐야 할 것이다.

a. 全然疲れた！
b. 全然眠い！

2008년작품 『全然大丈夫』

진술부사 「全然」의 서술부 불일치를 두고 문법파괴라고 하는 경우도 있는데, a, b의 긍정서술부와의 호응에 있어서도 형태적으로 부정사를 동반하고 있지는 않지만 의미적으로 a, b 두 문장의 서술부는 부정적인 의미를 전달한다.

c. 全然すばらしい。(？)

c가 부자연스러운 것은 어휘 자체가 완전히 긍정의 의미를 나타내는 「すばらしい」와 부정의 「全然」과의 '공기(共起)제한'에서 그 원인을 찾을 수 있다.

따라서, 「全然」과 일부 긍정서술부와의 호응 현상은 완전한 문법파괴라고는 할 수 없는 것으로, 부정적인 의미를 전달하는 서술부와의 '의도적인 공기를 통한 정도의 강조'를 나타내는 것으로 이해해야 할 것이다.

〈그림 0-3〉 일상생활에서의 라누키 사용예시

일본어의 대표적인 동사활용형인 「～(ら)れる」는 수동, 가능, 존경, 자발 등 네 가지의 의미를 나타낼 수 있다. 이중에서 가능의 의미를 나타내려고 할 때 「食べる」「出る」「見る」 등의 상·하 1단 동사의 경우 「食べられる」「出られる」「見られる」 등과 같이 「～られる」를 사용해야 하는 것이 원칙인데, 「食べれる」「出れる」「見れる」 등과 같이 「ら」가 생략되는 경우가 종종 발견된다. 이를 기리켜 '라누키(「ら抜き」)현상'이라고 한다.

명치시대에 에도방언(「江戸弁」)을 기반으로 표준어가 제작되었던 것에서 에도방언에서 벗어난 「ら抜き」현상을 문법파괴라고 하였지만, 사실은 에도지역 이외의 다른 지역에서 「ら抜き」현상은 일반적으로 받아들여지고 있다.

또한, 다음과 같이 연령별 사용률에서 알 수 있듯이 '연령별 편차'를 감안하면 「ら抜き」현상을 방언이라고 하는 것은 오히려 방언 경시라는 비난을 받을 수 있으니 주의해야 한다.

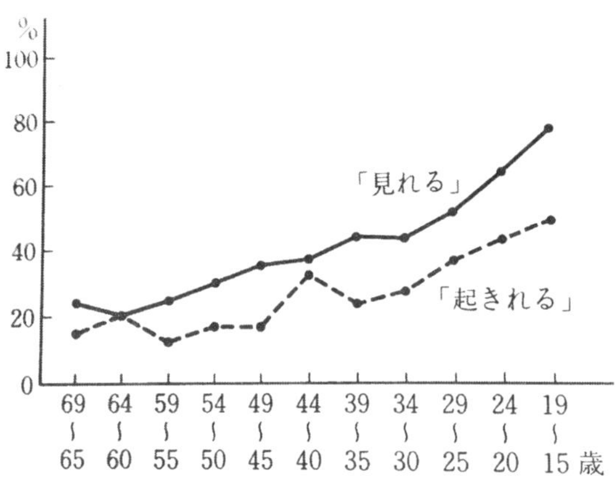

〈그림 0-4〉「見れる」「起きれる」의 연령별 사용률
−国立国語研究所(1981)−

　문법적으로는 「行く→行ける」「読む→読める」 등과 같은 5단 동사의 가능형과 연결선상에서 생각해 보면, 「ら抜き」현상은 언어 경제성 측면에서 언어의 간소화과정으로 이해할 수도 있는 것이다.

　「ら抜き」와 관련된 가장 최신의 조사인 1995년 일본 문화청 「国語に関する世論調査」의 조사 결과만 보더라도 「食べれる」「来れる」「考えれる」의 「ら抜き」 사용률이 평균 22.6퍼센트이고, 16~19세의 과반수가 「来れる」를 사용한다고 답한 것을 보면 「ら抜き」현상이 문법규칙으로 정착될 날도 그리 먼 훗날의 이야기는 아닐 것이다.

0-6 활용체계의 단순화

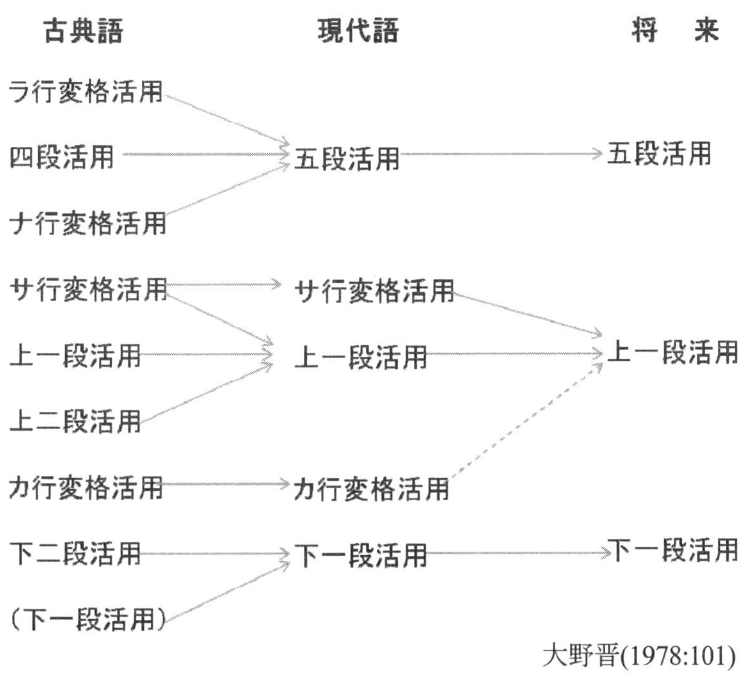

〈그림 0-5〉 동사활용체계의 변화

끊임없이 변화해가는 현대일본어의 모습은 50음도로 대표되는 문자체계에서뿐만 아니라 문법체계의 핵심이라고 할 수 있는 동사의 활용체계에서도 엿볼 수 있다. 고대일본어의 동사 활용체계에서 아홉 가지의 다양한 활용방식을 취하였던 것이 현대일본어에 이르면서 다섯 가지로 축소된 것이 가장 눈에 띄는 변화라고 할 수 있다.

또한, 현대일본어의 활용체계에 있어서도 변격활용에 해당하는 동사가 각각 단 한개에 불과하여 무시할 수 있을 정도인데, 사실상 각각의 독립된 활용방식으로 다루기 어렵다. 점에서 현대일본어의 활용체계는 크게 세 가지의 활용방식으로 정리할 수 있는 것이다.

나라시대에 973개에 달했던 만요가나가 현재 50음도의 틀 안에 들어갈 정도로 정리되었고, 동사의 활용체계도 단순화되어가는 과정에 있어, 현대일본어는 최대한의 '언어 경제성'의 원리에 부합하고 있다고 할 수 있다.

後付け	末文	主　文	前　文

拝啓　春たけなわとなりましたが、皆様はいか
がお過ごしでしょうか。我が家のチューリップ
もようやく咲きそろいました。まるで童謡のよ
うに赤、白、黄色と3色が美しいハーモニーを
醸し出しています。水仙も塀際に1列に並んで
黄色いあでやかな姿を見せています。

今週の土日は桜が満開で名所には人出も多い
と聞きます。我が家の近くの境川では毎年多く
の桜が咲き、この時期には桜祭りが開かれます。
昨日は一家（私と妻、長男、長女）で花見に
行ってきました。すごい人出で、人に押されて
歩いているだけで、ゆっくり桜を観賞する暇も
ありませんでした。添付いたしました写真はそ
の時に撮ったものです。

まだまだ寒い日が続きますので、風邪など引
かぬようにお身体大切になさってください。
　　　　　　　　　　　　　　　　敬具

平成二十六年十月一日

　　　鈴木和也

〈그림 0-6〉 정형화된 편지형식

LINE의 인기

　일본어에 있어서 정형화된 틀에 박힌 대표적인 문어체 형식 중의 하나
가 바로 편지(「手紙」)형식이다. 일본어의 편지형식에서 빼놓을 수 없는
것 중의 하나가 전문(「前文」)에 반드시 들어가야 하는 계절어(「季語」)인
데, 일찍이 일본어교육의 현장에서도 이에 대한 학습 필요성을 인식하여
교과과정에 있어서 큰 비중을 차지하기도 했다.

〈표 0-3〉季節のことば36選

冬 (ふゆ)	12月	冬将軍（ふゆしょうぐん）　クリスマス　除夜（じょや）の鐘（かね）
	1月	初詣（はつもうで）　寒稽古（かんげいこ）　雪（ゆき）おろし
	2月	節分（せつぶん）　バレンタインデー　春一番（はるいちばん）
春 (はる)	3月	ひな祭（ひな）り　なごり雪（ゆき）　おぼろ月（づき）
	4月	入学式（にゅうがくしき）　花吹雪（はなふぶき）　春眠（しゅんみん）
	5月	風薫（かぜかお）る　鯉（こい）のぼり　卯（う）の花（はな）
夏 (なつ)	6月	あじさい　梅雨（つゆ）　蛍舞（ほたるま）う
	7月	蝉（せみ）しぐれ　ひまわり　入道雲（にゅうどうぐも）　夏休（なつやす）み
	8月	原爆忌（げんばくき）　流（なが）れ星（ぼし）　朝顔（あさがお）
秋 (あき)	9月	いわし雲（ぐも）　虫（むし）の声（こえ）　お月見（つきみ）
	10月	紅葉前線（もみじぜんせん）　秋祭（あきまつ）り　冬支度（ふゆじたく）
	11月	木枯（こが）らし一号（いちごう）　七五三（しちごさん）　時雨（しぐれ）

출처: 일본기상협회(http://www.jwa.or.jp/)

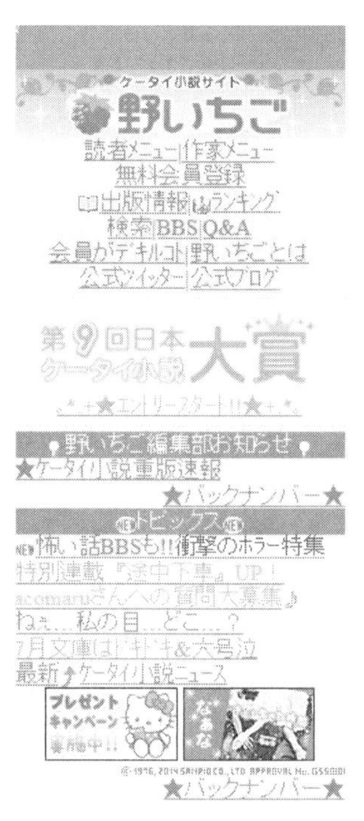

휴대폰소설 최대사이트
http://no-ichigo.jp/

携帯電話

그러나 각종 SNS, LINE, 휴대폰메일 등이 급속도로 보급되면서 커뮤니케이션 방식이 매우 간소화되어 감에 따라 일본어의 전통적인 문어체 형식이 큰 변화를 맞이하고 있다.

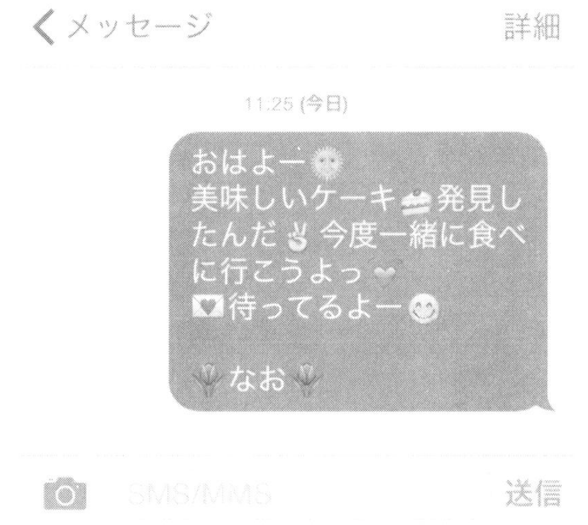

〈그림 0-7〉 휴대폰 메시지 일례

특히 「季語」라고 하여 계절과 관련된 단어를 반드시 사용하여 필자의 감정 상태를 나타내던 것이 현재는 그림문자(「絵文字」)등이 이를 대체하기도 한다.

중국의 한자를 변용하여 히라가나, 가타가나 등 일본어 고유의 문자체계를 만들었고, 심지어 「KY語」 등에서 보이는 바와 같이 어휘구성에 있어서 알파벳까지도 쉽게 받아들이는 일본인의 유연성을 감안하면, 그림문자가 일본어에 정착될 가능성도 예상해 볼 수 있다. 실제로, 최근에는 구어체를 기반으로 만들어지는 휴대폰소설 사이트에서 인기를 끄는 소설이 단행본으로 출판되어 100만부 이상의 판매부수를 올리는 경우도 비일비재하다. 문어체와 구어체의 경계가 점차 사라지고 있는 추세인 것이다.

현대일본어의 변화 과정에서도 알 수 있듯이, 언어는 마치 생명체와 같이 끊임없이 변화하는 속성을 지니고 있다. 이는 언어의 사용 주체인 인간의 생활방식 그리고 인간을 둘러싼 주변환경의 변화와 불가분의 관계에 있다. 이러한 언어 자체의 속성과 언어를 둘러싼 환경적인 제반 요인에 기인하는 자연스러운 변화는 어느 한 순간에 갑작스럽게 나타나는 것이 아니라, 변화하기 전의 징조라고 할 수 있는 「揺れ」를 감지할 수 있다.

또한, 이러한 점진적인 변화(「揺れ」)에는 변화요구에의 타당성과 변화된 결과에서 규칙성을 발견할 수 있다. 이러한 타당성과 규칙성이 대두되면 해당 문법기술도 이에 맞추어서 그 내용을 달리해야 한다.

또한, 일본어에 있어서 이러한 점진적이며 자연스러운 변화와는 다른 일시적이고 불규칙적인 변화(「乱れ」)가 존재한다. 「揺れ」현상을 변화하는 언어의 속성적인 측면에서 자연스러운 변화의 한 과정으로 이해할 수 있는 것이라고 한다면, 유행에 가까운 급진적인 「乱れ」는 일시적인 현상으로 마치 생명체의 복원력이 작동하는 것과 같이 언젠가는 자연스럽게 원래 모습으로 복원되기 마련이다.

「入籍させていただきました。」는 「乱れ」? 「揺れ」?

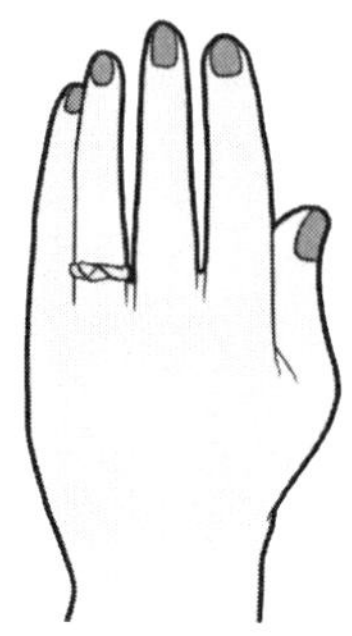

「入籍させていただきました。」는 연예인들의 결혼 발표회장에서 반드시 듣게 되는 표현으로 일본에서는 거의 정형화된 문구라고 할 수 있습니다.

「させていただく」는 「する」의 사역형인 「させる」와 수익(「受益」) 표현, 「もらう」의 겸양형인 「いただく」가 연결된 복합동사인데, 자신의 행위를 최대한 낮추어 상대에게 허락을 구한다는 의미의 최상위 겸양표현이라고 할 수 있습니다.

이러한 「させていただく」의 남용에 대하여 위화감을 느끼는 일본인들도 많습니다. 본인과 관계가 없는 일에 대하여 허락을 요구받는다는 점, 그리고 지나친 겸양표현이 사용되고 있다는 점이 위화감의 원인이라고 할 수 있습니다.

그러나 남에게 피해를 주는 것에 대하여 대단히 민감하게 반응하는 일본인의 문화적인 습성을 고려하면 비록 남의 결혼이라고는 하지만, 특히 유명 연예인의 결혼 소식은 온 나라를 떠들썩하게 하는 것이고, 기자회견까지 할 정도면 더욱이 남에게 물의를 일으킬 수 있는 상황이라고 가정할 수 있으므로 그렇게 지나친 표현이라고 생각하지 않을 수도 있습니다.

「させていただく」표현을 두고 지나친 남용이라고 생각하면 「乱れ」라고 할 수 있지만, 남에 대한 피해(「迷惑」)에 대해 특히 민감하게 반응하는 일본의 문화적인 특수성을 감안하면 「揺れ」로 이해 할 수 있는 것입니다.

　0과 1의 극도로 단순히 나누어진 2진법의 세계에 바탕을 둔 인공언어, 즉 컴퓨터 프로그래밍 언어를 통하여 현대의 눈부신 멀티미디어의 세계가 구현되고 있다. 고도의 개념, 성찰, 문화의 바탕이 되는 인간의 자연언어에 대해서도 본질적으로는 인공언어의 0과 1의 세계에 해당하는 대치적인 개념으로 언어의 실체를 분석하려고 도전하는 노력을 찾아볼 수 있다.

　실제 언어를 구성하는 요소인 품사 분류에 있어서도 영어의 8품사론(Dionysius Thrax-BC 170~BC 90-) 을 비롯하여 언어에 따라 다양한 분류방식을 취하고 있지만, 기본적으로 다음과 같은 '2분법적 분류방식'에서 출발한 것이라고 할 수 있다.

〈그림 0-8〉 언어현상 분석을 위한 2분류의 시도 예시

1. 유표와 무표를 나누는 기준은 무엇인가?

2. 'man-woman' 의 대립 관계에 있어서 'woman' 이 유표인 이유는 무엇인가?

3. '언어의 경제성' 측면에서 유표성을 논하시오.

4. 우리말에서 찾아볼 수 있는 유표성의 예는 무엇인가?

　「一般化」と並んで、現代言語学で重要な役割を果たしているのが有標性という概念である。有標性とは、AとBという一つのものが対立している場合に、そのいずれかが他方より一般的であることを意味している。一般的な方を無標(unmarked)、特殊な方を有標(marked)と言う。

　たとえば man-woman 、day-night、old-youngという英語の対語を考えてみよう。これらの対語は対等の関係をなしているように思えるかもしれないが、実際にはそうではない。いずれのペアでも最初に書いた語(man、day、old)の方が他方よりも無標な語として扱われている。その根拠に、man (男)とwoman (女)を総称する場合にman (人間)という語を用い、day(昼)と night(夜)を総称してday(1 日)と呼ぶ。oldとyoungにしても「何歳ですか」と中立的な意味で使うときはHow old are you?と oldを使い、How young are you?とは言わない。このように、一見して対等の資格を持っているように見えても、両者は対等ではないのである。man とwoman ではman の方が、dayと nightでは dayの方が、そしてoldと youngではoldの方が、一般的な意味で使われている。このように一般的な扱いを受けていえるものを無標、他方を有標と言うのである。人間の認知能力という観点からみると、対立概念AとBを対等に扱うのではなく、「B ではないものはすべてAである」というような認知の仕方をしているということである。全体の中でB(特殊)となるものさえマークしておけば、A(一般的)となるものまでマークする必要はないということである。

窪薗(1999 : 9)

품사분류에 대한 노력은 기원전 1세기 문법학자 Dionysios Trax(-BC 170~BC 90-) 의 8품사론을 기점으로 수많은 이론이 제창되어 왔고, 주창하는 학자에 따라서 다양한 품사분류 방식이 존재합니다. 일본어에 있어서도 다양한 품사분류 방식이 존재하지만, 학교문법(「学校文法」)이라고 불리는 하시모토(橋本進吉, 1882~1945)의 품사분류가 일반적으로 통용되고 있습니다.

다음 그림의 하시모토의 분류에서도 앞에서 설명한 2분법적 분류방식을 엿볼 수 있습니다. 즉, 혼자서 자립하는 것만으로도 의미를 전달할 수 있는 자립어(「詞」)와 이러한 자립어에 부속되어 보조적인 역할을 하는 부속어(「辞」)로 크게 2분하고, 각각에 해당하는 품사를 다음과 같이 상세 분류하고 있습니다.

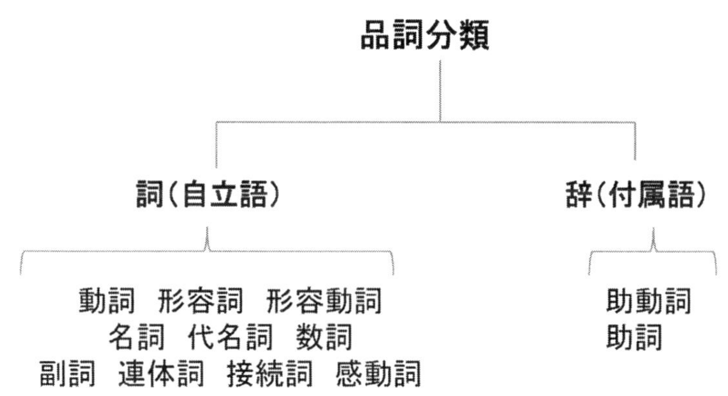

〈그림 0-9〉 하시모토의 품사분류개관

본서에서는 다음 장부터 아래 개념도에서와 같이 내용어(contents word)를 중심으로 크게 6품사로 나누어서 현대일본어의 변화모습을 살펴보고자 합니다.

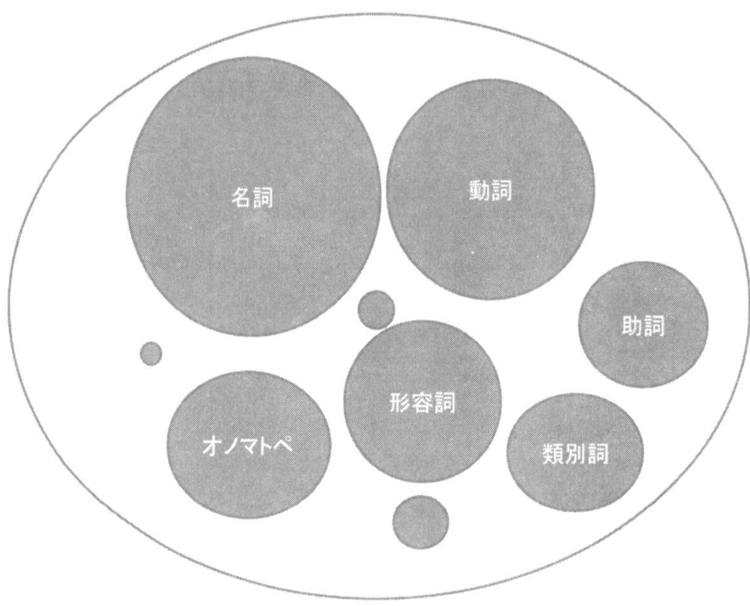

〈그림 0-10〉 본서의 내용어 중심의 품사분류 개념도

제 1 장
보이는 명사

1-1 품사(品詞, Parts of Speech)

> "Word classes (also know as parts of speech) are essential for any grammatical description, even though we can never really be entirely sure what their nature is. The reason for this uncertainty is that world classes are not tangible three-dimensional entities, but mental concepts, i.e. they 'exist' only in our minds."
>
> Aarts & Haegeman(2006 : 117)

컴퓨터의 인공언어는 0과 1의 기계어로 구성되어 화려한 멀티미디어의 세계를 구현한다. 컴퓨터의 멀티미디어 세계에 비할 수 없는 심오한 정신세계(mental concepts)를 표출하는 인간의 자연언어를 기계어의 0과 1에 해당하는 2분법적 분류기준으로 깨끗하게 재단할 수는 없다. 그러나, 언어를 구성하는 요소(Parts of Speech)로서 의미를 전달하는 내용어(content word, or lexical word)와 문법적인 기능면에 충실한 기능어(function word, or grammatical word)로 크게 구분 할 수 있다. 이러한 구분방식은 앞서 제시한 하시모토(橋本進吉, 1882~1945)의 품사분류에 의한 자립어(「詞」)와 부속어(「辞」)의 개념과 일맥상통하는 것이기도 하다. 내용어가 끊임없이 확장하는 개방부류 단어(open-class word)임에 반해, 기능어는 제한된 개수의 폐쇄부류 단어(closed-class word) 이다. 이를 대략적으로 일본어에 적용해보면 다음 그림과 같다.

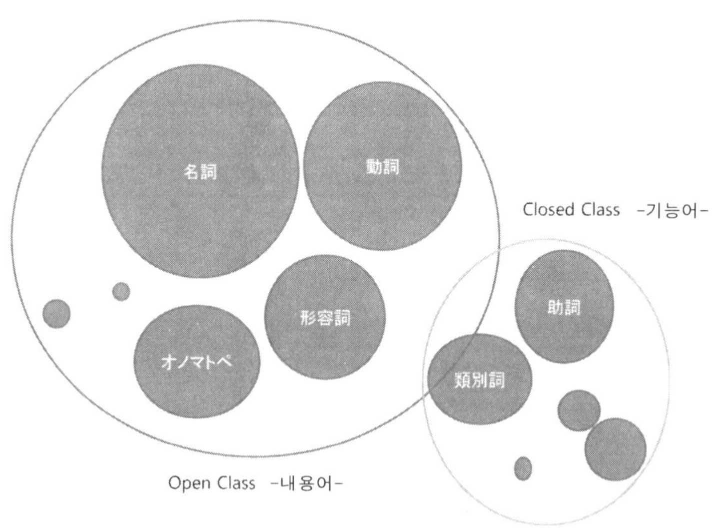

〈그림 1-1〉 일본어 품사의 2대분류

명사란 사람, 사물, 장소 등을 가리키는 것으로 자립어에 해당하여 활용을 하지 않는다. 또한, 제6장에서 다루게 될 조사와 함께 문장의 주요 구성요소가 된다. 품사(parts of speech) 기준에 따르면 일본어의 명사는 내용어에 속하며 끊임없이 확장하는 개방부류 단어(open-class word)이다. 일반적으로 일본어의 명사는 다음 그림에서와 같이 사람(「ひと」), 물건(「もの」), 사태(「こと」), 장소(「ところ」), 방향(「ほう」), 시간(「とき」) 등으로 세분할 수 있다.

> 日本語の名詞は、「人名詞」、「物名詞」、「事態名詞」、「場所名詞」、「方向名詞」、「時間名詞」、という基本的な意味範疇に分けて考えることができる。これらの意味範疇は、「ひと」、「もの」、「こと」、「ところ」、「ほう」、「とき」という名詞によって代表され、疑問語、指示語の形式と深い関連を有する。疑問を表す名詞は、それが指す対象の意味範疇によって、異なった形式が用いられる。すなわち、「人名詞」には「誰」が、「物名詞」と「事態名詞」には「どれ」・「何」が、場所名詞には「どこ」が、「方向名詞」には「どちら」が、「時間名詞」には「いつ」が用いられる。
>
> 益岡(1999 : 33)

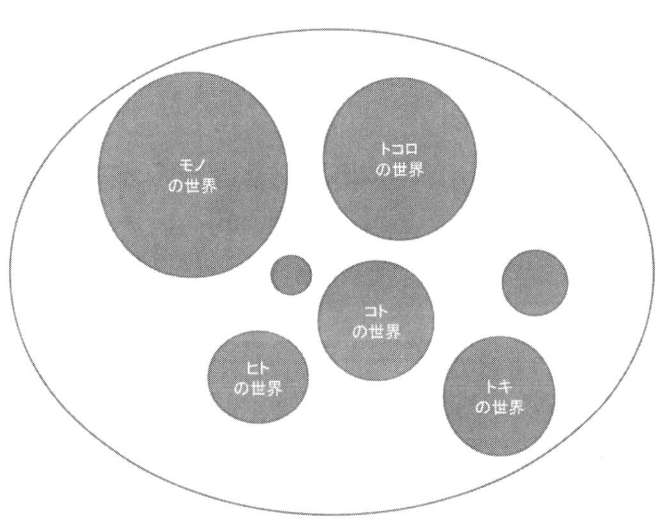

〈그림 1-2〉 본서의 명사분류 개념도

「目」, 「耳」, 「鼻」, 「頭」 등은 명사 분류에서 어느 세계에 속하나요?

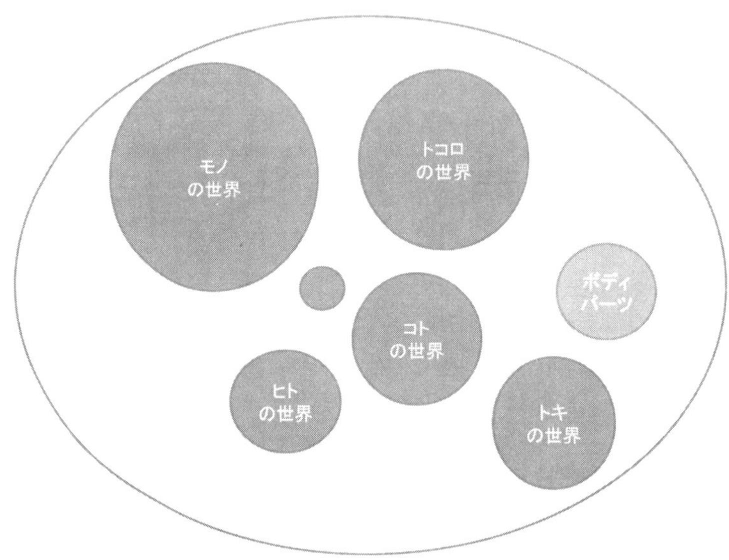

〈그림 1-3〉 명사구분의 확장(바디파츠)

개방부류 단어(open-class word)를 구성하는 대표적인 품사 중의 하나인 명사는 뛰어난 어휘 확장성을 지니고 있는 것으로 유명합니다. 끊임없이 새롭게 생겨나는 물건, 개념 등에 대한 분류에 있어서 기존의 틀(「モノの世界」, 「コトの世界」, 「ヒトの世界」 등)을 이용하는 것이 일반적이지만, 경우에 따라서는 완전히 새로운 '개념틀'을 만들어내기도 합니다. 우리들의 일상에서 빼놓을 수 없는 물건인 '자동차'라는 명사의 경우가 바로 그러한데, 17세기 중반에 증기기관이 실용화된 이후 현재 우리가 가지고 있는 자동차라는 개념이 생겨났습니다. 인류의 긴 역사에서 보면 그다지 오랜 역사를 지닌 것이라고 할 수는 없을 것입니다. 이러한 새로운 물건(개념)의 탄생은 이를 포함한 관련 어휘를 만들어 냅니다. 즉, 자동차라는 개념이 형성되면서부터 이를 구성하는 새로운 부속품이 따라붙게 되는데, 이와 관련된 물건들은 기존의 틀에 흡수되기 어려워, 새로운 개념틀('body part)이 만들어진 것입니다.

〈그림 1-4〉 자동차의 바디파츠

위 그림 속의 「ボンネット」「ルーフ」「フェダー」 등이 자동차를 구성하는 것이라고 한다면 「目」「耳」「鼻」 등은 인간의 몸을 구성하는 것으로 공통적으로 바디파츠(ボディパーツ)라는 새로운 개념틀로 묶을 수 있는 것입니다.

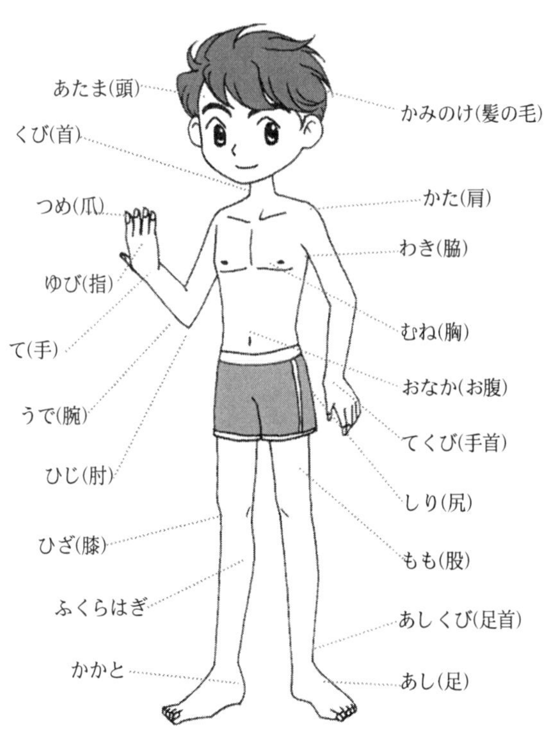

〈그림 1-5〉 인간의 바디파츠

1-3 시간(「とき」) 개념과 공간(「ところ」) 개념의
연속성(continuum)

이미 물리학의 세계에서 아인슈타인(Albert Einstein-1879~1955-)은 '특수상대성이론(special theory of relativity)'을 통하여 시간의 흐름이 운동상태에 의존하고 있음을 제시하며 시간과 공간 개념의 연속성을 입증하였다. 언어현상에 있어서도 다음과 같이 구체적인 공간 개념이 추상적인 시간개념으로 확장되는 경우를 쉽게 발견할 수 있다.

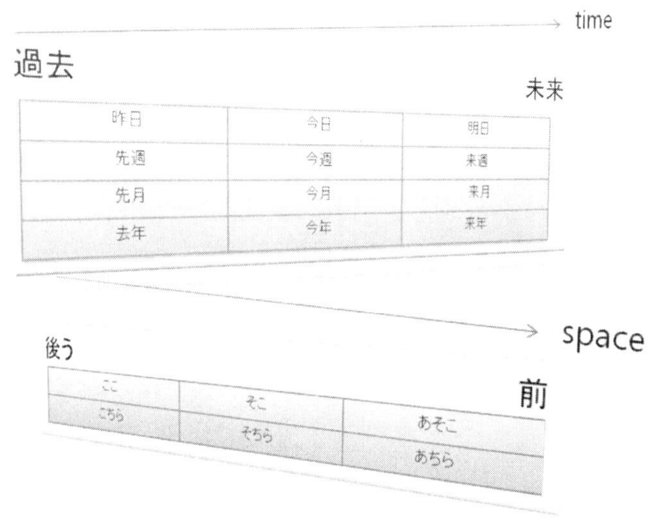

〈그림 1-6〉 시간과 공간 개념의 교차

a. <故障中>の札が掛けられていたトイレのドアが開かれ、半身を入れた男が中から自動小銃を取りだしていた。(『バディソウル』)

b. どんなに清潔にしたつもりでも空気中の雑菌も中に送り込みますから避ける方が無難です。(Yahoo! 知恵袋)

c. 国境は、わたしの立っているところからわずか十メートル先である。(『北朝鮮の最高機密』)

d. 同僚が心臓マッサージや人工呼吸をしているところに若者たちが戻ってきた。(『フランスの憂鬱』,)

1. 시간개념과 공간개념의 접점은 무엇인가?

2. 일본어의 「来る」와 「くる」를 이용하여 시간 개념과 공간개념의 연속성을 설명하시오.

3. 우리말에 있어서 공간개념이 시간개념으로 확장된 표현에는 어떠한 것들이 있는가?

時間の概念の表現のしかたは、言語、文化によって厳密にはことなる。時間の概念のある部分は、具体的な存在の空間的な移動の観点から把握していくことができる。とくに未来、過去といった時間の世界の把握には、時間はある方向に向かって移動していく存在であるという認識が働いている。この認識は、さらに時間が移動していく先の進行方向が＜前＞でその逆の方向が＜後＞という、＜前・後のイメージスキーマ＞にささえられている。ただし時間の概念は、われわれの認識との関連で主観的に把握される概念である。しかがって、このイメージスキーマによって規定される時間の前後関係は、われわれのとる視点との関連で相対的に決められなければならない。また、時間表現にかかわるイメージスキーマは、言語によってもことなる。

時間が過ぎていくという場合、われわれが時間との関係でどう位置づけられるかが問題になる。まず、時間がわれわれに向かってきて通過していくという視点からみた場合はどうか。この視点からみた場合、日本語では、次のような時間表現が可能である。

1. a. 次の誕生日が<u>きたら</u>、盛大にお祝いをしよう。
   b. <u>来る</u>5月17日にコンサートを予定しています。
2. a. いよいよ年の瀬が<u>近づいてきた</u>。
   b. ついに借金の返済日が<u>迫ってきた</u>。
3. a. <u>過ぎ去った</u>日々を懐かしんでいる。

後   前
<未来> ⟶ <過去> ⟶
（人間）

山梨正明(1995：114)

読売ジャイアンツ

阪神タイガース

中日ドラゴンズ

横浜DeNAベイスターズ

広島カープ

ヤクルトスワローズ

1회초, 1회말, 一回表, 一回裏

야구경기에서 선·후 공격을 나누는 경우, 우리나라 야구시합에서는 각 회의 선공과 후공을 '초'와 '말'로 하여 시간개념을 사용한다. 반면, 일본 야구에서는 「裏」와 「表」의 공간개념을 사용한다.

또한, 미국야구에서는 관중석에서 봤을때 전광판에 비쳐지는 스코어 보드의 상하 위치에 착안하여 'top'과 'bottom'이라고 하는데, 일본과 비슷한 공간적인 개념으로 구분하고 있는 것이다.

시간과 공간개념의 연속성은 동서양을 불문하며, 언어와 문화를 초월하여 시간과 공간개념의 확장방식이 서로 상통하고 있음을 알려주는 좋은 예라고 할 수 있다.

文法化と言語変化プロセス

1. 문법화란 무엇인가?

2. 영어의 'full'을 이용하여 문법화 과정을 설명해 보세요.

3. 내용어와 기능어의 차이는 무엇인가?

4. 문법화 프로세스를 적용할 수 있는 구체적인 예를 우리말에서 찾아보세요.

　日常言語における注目すべき現象の一つは，いわゆる文法化(grammaticalization)　と呼ばれる現象である。文法化は，日常言語の変化を特徴づける重要なプロセスの一つであるが，この種の変化の一部にはある方向性が認められる。文法化のプロセスには，一般に動詞や名詞に代表されるような実質的な意味をもつ内容語(content word)から助詞，接頭辞，接尾辞のような機能語(function word)へ変化していく傾向，すなわち独立した単語として使われていた表現が次第に束縛された接辞的な表現に変化していく傾向がみられる。この方向への文法化のプロセスを示す具体例としては，次のような事実が考えられる：(ⅰ)a basket full of (eggs…) > (ⅱ)a cupful (of water) > (ⅲ)hopeful (Hopper & Traugott 1993: 7)。(ⅰ)のfull　は，[…で一杯の]という意味内容をもち，しかも統語的にも独立した一つの内容語としての資格をもっている。これにたいし，(ⅱ)のfull　は直前の　cupと結合して一つの単語を形成し，さらに(ⅲ)のfull　の場合には束縛形態素としての接辞の機能をになっている。ただし，この場合の(ⅰ)から(ⅲ)への移行のプロセスは段階的なスケールをなし，この種の移行の段階に絶対的な線が引かれるわけではない。

山梨(1995：63-64)

　일반적으로 보통명사란 구체적인 사물, 장소, 사건·사태 등을 가리키는 단어를 총칭하여 말하는 것이다. 일본어의 경우 이러한 구체적인 의미(content word)를 가지는 보통명사가 추상화하여 문법적인 역할을 수행하는 기능어(function word)로 어휘 확장되는 경우가 종종 발견된다. '문법화'의 대표적인 케이스라고 할 수 있다.

〈그림 1-7〉 문법화 과정 개념도

1.「もの」

　　a. どんなものを食べましたか。
　　b. 人生とはうまく行かないものだ。

2.「こと」

　　a. どんなことがあっても最後までやり通す。
　　b. 日本語を話すことができます。

3.「ところ」

　　a. どんな所に住みたいですか。
　　b. お忙しいところお邪魔して恐れ入ります。

〈표 1-1〉「もの」「こと」「ところ」의 문법화 예시

「もの」	「こと」	「ところ」
V-るものか	Nのこと	V-るところだった
V-るものがある	의문사+ Na なことか	V-ていたところだった
Vものだ	의문사+ A／V ことか	ところで
…とはいうものの	V-たことがある／ない	V-たところで
…ものを	V-ることができる／できな	いVところを

「釘の頭」「パンの耳」

전술하였듯이 원래 「頭」「耳」는 신체의 일부분(「ボディパーツ」)을 구성하는 인간의 '머리', '귀'를 의미하는 보통명사이다. 여기에서 확장된 「釘の頭」, 「パンの耳」는 각각 '못의 대가리'와 '빵의 끝부분'을 말하여 사물의 일부분을 지시한다. 원래 신체의 일부분을 의미하는 것이 사물의 일부분을 지시하는 장소명사로 확장된 것이라고 할 수 있다.

「釘の頭」

더 나아가, 「頭」는 다음과 같이 시작국면을 나타내는 시간적인 의미로까지 어휘 확장할 수 있다.

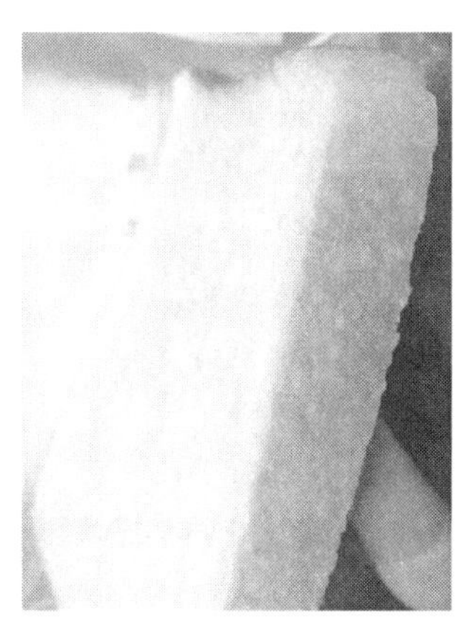

パンの耳

────●─────────●─────────●────→　「頭」의 문법화

　신체의 일부분　　사물의 일부분　　시작 국면

a. 彼は頭から信用できない。

위 문장의 의미는 어떤 사람의 신용도가 처음부터 상당히 떨어진다는 의미로 여기에서 「頭」의 의미는 시간적인 의미 즉 '시작, 시초'의 의미로 어휘 확장된 것이다.

────●─────────●─────────●────→　「耳」의 문법화

　신체의 일부분　　사물의 일부분　　추상적인 능력

b. パンの耳で作る簡単おつまみレシピー。

c. 彼は聞く耳がない。

서양어의 대부분이 제한된 개수의 인칭대명사가 존재하는 데에 반해, 일본어는 인칭대명사의 개수가 풍부하며 대인과의 인간관계에 따라 사용 구분을 달리하고 있다. 자기자신을 가리키는 자칭사(自称詞)만 살펴보더라도 「私」, 「僕」, 「俺」, 「わし」, 「我」, 「うち」, 「こっち」, 「小生」, 「我輩」 등 다수이다. 또한, 자칭하는 방식에 있어서도 인칭(대표적으로 「私」), 집단(「うち」), 장소(「こっち」) 등 지시하는 방법이 다양하며, 연령 및 성별 등에 따라서도 구분해서 사용하는 것이 특징적인데, 대체로 다음과 같은 분포를 보이고 있다.

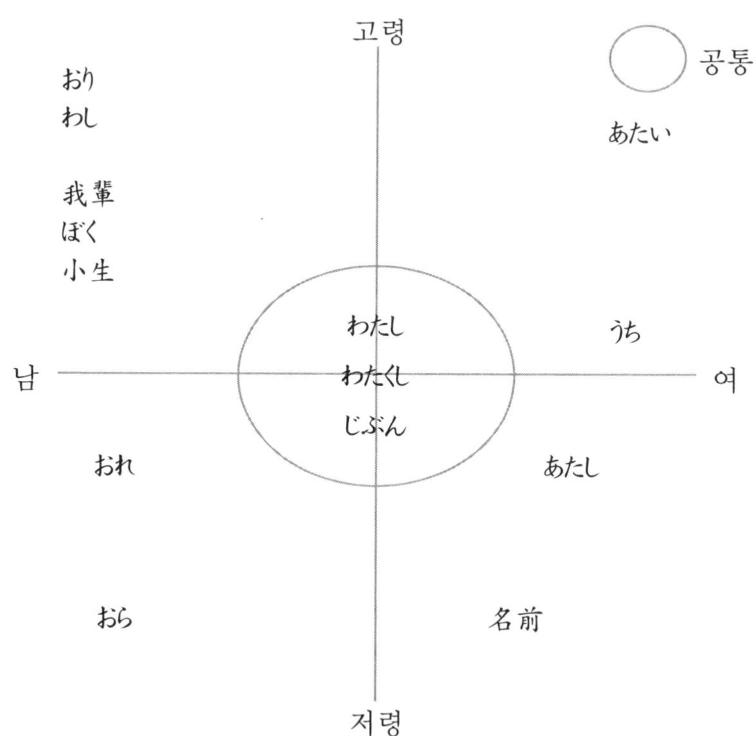

〈그림 1-8〉 일본어 인칭대명사의 남녀별, 연령대별 분포 예시

또한, 일본어의 인칭대명사는 다음과 같이 상대에 따라 호칭을 달리하고 있어, 인칭대명사를 통하여 대인관계에 대한 구체적인 세부 정보를 파악할 수 있다.

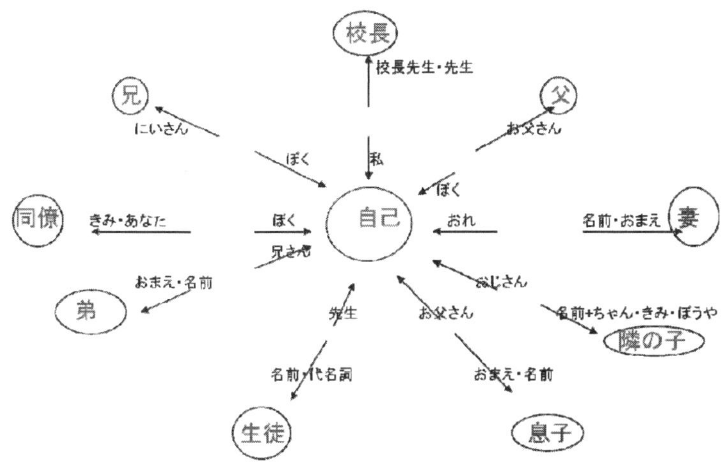

〈그림 1-9〉 인물의 호칭 예시

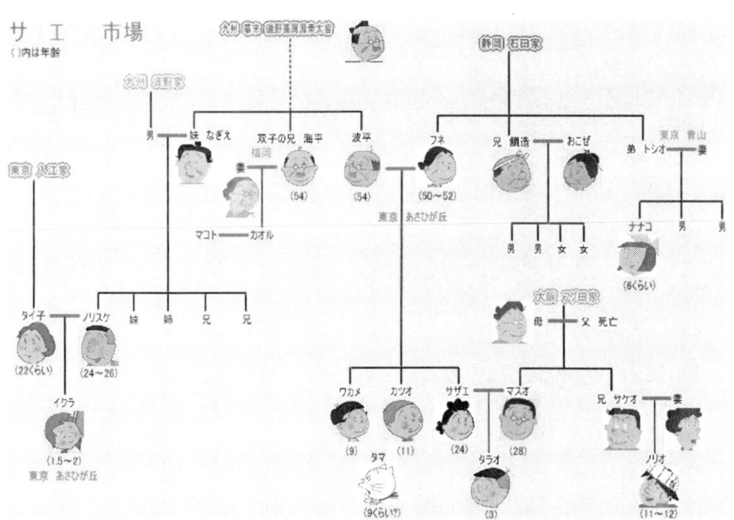

〈그림 1-10〉「サザエさん」 가족관계도 예시

1. 역할어란 무엇인가?

2. 「博士語」와 「お嬢様
   ことば」의 차이점은무
   엇인가?

3. 역할어를 통해 알 수 있
   는 정보는 무엇인가?

「やあ、諸君、こんばんわ。今日は、ちょっと不思議な日本語の話をしようと思っておるんじゃよ。」

と、妙な感じで始まりましたが、このようなしゃべり方を聞いて、皆さんはどのような人物が話しているようにお感じになりましたか。恐らく、年取った偉そうな人物、漫画によく出てくる、「博士」のような人物を思い出されたのではないでしょうか。例えば、「鉄腕アトム」に登場する、お茶の水博士のような人物です。

では、次のようなしゃべり方はどうでしょうか。

「まあ！楽しみですこと！私、うれしくってよ。」

男の私が読みますと、とても変な感じですね。なぜ変かというと、この話し方自体が、とても女性的だからです。女性のなかでも、かなりお上品で、少し古風な、良家のお嬢様やお姫様、といった人物を想像されたのではないでしょうか。

このように、特定の人物像を想像させる、特徴ある話し方を、私は「役割語」と呼んでおります。最初にお示しした話し方を例えば〈博士語〉と呼び、また二番目のような話し方を〈お嬢様ことば〉と呼んでおきましょう。これらは、どちらも役割語の一種、ということになります。役割語にはほかにもさまざまな種類のものがあります。例えば、「そうです、私が知っています」という文を、いろいろな役割語で読んでみましょう。

「そや、わてが知っとるでえ」

「そうじゃ、拙者が存じておる」

「そうあるよ、わたしが知ってるあるよんだ、おら知ってるだ」

[…中略…]

4. 문학작품의 세계에서 역할어사용의 단점은 무엇인가?

5. 일본어의 인칭대명사에서 발견되는 역할어는?

6. 소설에 있어서 역할어의 필요성에 대하여 논하시오.

さらに、役割語は、現に存在するというだけでなく、むしろ積極的に利用されていると言えます。と言いますのも、役割語は日本語話者の広い層に受け入れられているので、作者が登場人物に役割語を使わせれば、その人物がどのような性別、年齢に属するか、どんな仕事をしているか、といった事柄を、一瞬で読者に伝えることができるからです。作家の清水義範氏は、「役割語」という用語は用いていませんが、作家の立場から、ここで言う役割語の効能と弊害について端的に指摘しています。すなわち、役割語を多用すれば、作品は分かりやすくなるが、深みのないB級作品になってしまう、しかし役割語を用いずに、テープ起こししたような台詞だけで小説を書くことは不可能である、ということです。

このように、作家はついつい、役割語を作品につかってしまいます。すると、それを読んだ読者にその知識が刷り込まれ、読者の何人かがまた作家となって役割語を作品に用い、という具合に、役割語の連鎖がつぎつぎと作品を介して受け継がれ、世代や時代を超えて生き残っていく、という構図が、ここに浮かび上がってきます。

出処: http://www.let.osaka-u.ac.jp/~kinsui/ronbun/nightessay.html

「~人」을 「~にん」이라고 읽을 때와 「~じん」라고 읽을 때가 있는데, 어떤 차이가 있나요?

우선 각각의 경우에 해당하는 예를 표로 정리해보면 다음과 같습니다.

〈표 1-2〉 「じん」과 「にん」의 용례

~じん	~にん
かんこくじん 韓国人	こうしょうにん 交渉人
かんさいじん 関西人	べんごにん 弁護人
ちきゅうじん 地球人	しょくにん 職人
うちゅうじん 宇宙人	げいにん 芸人
げいのうじん 芸能人	しはいにん 支配人
きょじん 巨人	かんりにん 管理人

위 용례표를 바탕으로 알 수 있듯이, 첫 번째 「~にん」그룹은 '어떤 동작, 일을 하는 사람'을 나타내고(「料理人」의 경우 '요리'를 하는 사람),

두 번째 「~じん」그룹은 '사람의 속성'을 나타내고 있다는 것(「韓国人」의 경우 '한국이라는 국적(속성))을 알 수 있습니다. 즉 전자는 사람의 의지 여부에 따라 언제든지 바뀔 수 있는 직업, 직종 등과 관련되고, 후자는 본인의 의지보다는 주변상황에 의해 이미 결정된 속성적 측면이 강하다고 할 수 있습니다.

이렇게 어떤 언어현상의 문법적 규칙성을 파악하려고 할 때, 각각에 해당하는 실제 예를 그룹별로 나누어 놓고 생각해보면 쉽게 그 경향성을 파악할 수 있습니다.

일본인의 리듬감과 4박어

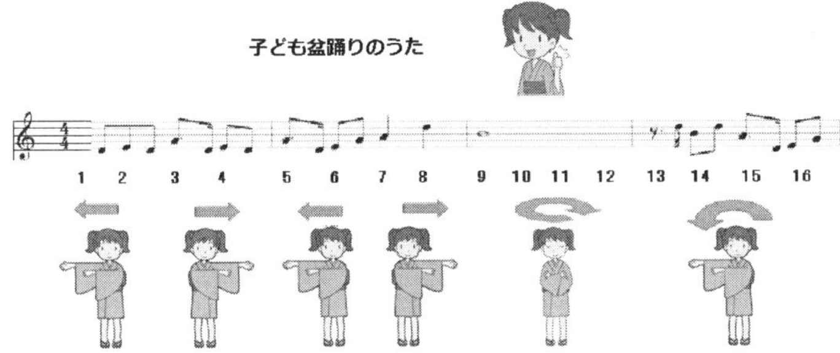

일본의 전통음악, 「盆踊り」, 
「演歌」 등이 2박 또는 4박인
경우가 대다수이고, 어린이를
위한 동요 또한 4박자의 노래
가 큰 비중을 차지한다. 이에 일본인은 3박자의 리듬감이 약하다고 한다.
이러한 일본인의 리듬감은 외래어의 차용방식에도 영향을 주는데, 아래
표에서도 알 수 있듯이 비교적 긴 어절의 외래어를 일본어로 받아들일 때
4박어로 변용되는 경우가 빈번하다. 일본인은 3박보다는 4박의 리듬감에
친숙하다는 것을 다시 한번 확인할 수 있는 것인데, 언어현상에 해당하는
외래어 차용에 있어서도 이러한 박자감각이 반영되는 것은 흥미롭다.

〈표 1-3〉 4박어 외래어 예시

외래어	4박어
infrastructure	インフラ
inflation	インフレ
Personal computer	パソコン
high-technology	ハイテク
restructuring	リストラ
synchronize	シンクロ
introduction	イントロ

일본어에도 복수형이 존재하나요?

일본어의 경우 기본적으로 사물명사는 형태적으로 단수, 복수의 구분을 특별히 하지 않습니다.

a. 机の上に本がある。

a에서 책상 위에 몇 권의 책이 존재하는지 위 문장만으로는 알 수 없습니다.

그러나, 사람의 경우에는 「～達」, 「～ども」, 「～ら」 등의 복수형 접미사가 다수 존재합니다.

경의정도

「～ども」　　　「～ら」　　　「～達」

「～達」는 「友達」, 「年寄り達」, 「私達」, 「僕達」 등과 같이 특정 단어에 한정되어 사용됩니다. 「～ども」는 「子供」, 「野郎ども」와 같이 「～達」에 비해 경의의 정도가 낮아서 손아래 사람에게 사용하거나, 다소 경시하는 의미를 나타내는 경우가 있으니 주의해야 합니다. 마지막으로, 「～ら」는 경의 정도에 있어서 「～達」와 「～ども」의 중간 정도에 위치하고 있다고 할 수 있습니다.

1-6 「～屋（や）（さん）」

물건, 장소 등에 접속하여 어떤 물건을 취급하는 업종이나 관련된 장소에서 일하는 사람의 직업 또는 종사자를 의미한다.

〈표 1-4〉 일본의 신구 업종 예시

전통적인 업종	비교적 신종 업종
床屋さん	ねいるや
お風呂屋さん	ケーキ屋さん
ラーメン屋さん	情報屋さん
相撲屋さん	かわいい子犬屋さん
はんこ屋さん	電気屋さん
パン屋さん	宝くじ屋さん

電気屋さん

床屋さん

宝くじ屋さん

はんこ屋さん

〈표 1-5〉 스모 직급표

番付
横綱
大関
関脇
小結
前頭

스모 대전표(番付表)

1-7 일본인의 성(姓)

일본인의 성의 개수는 적게는 10만 개에서 많게는 30만 개에 이른다고 한다. 그 유래 또한 매우 다양하지만 약 90퍼센트 정도가 '지명형'을 차지하는 것으로 알려저 있다. 이외에 대표적으로 '직업형', '관직형' 등으로 분류할 수 있다.

〈표 1-6〉 일본 전국 성(姓)랭킹 베스트20

순위	성	명수
1	佐藤	1,914,300
2	鈴木	1,692,300
3	高橋	1,406,000
4	田中	1,324,200
5	渡辺	1,090,400
6	伊藤	1,072,400
7	山本	1.068,200
8	中村	1,041,200
9	小林	1,011,900
10	加藤	853,300
11	吉田	828,800
12	山田	811,000
13	佐々木	709,400
14	山口	636,900
15	松本	627,600
16	斉藤	619,100
17	井上	604,900
18	木村	573,100
19	林	537,400
20	清水	520,100

출처: 村山忠重「苗字館」日本の苗字ベスト1000データベース

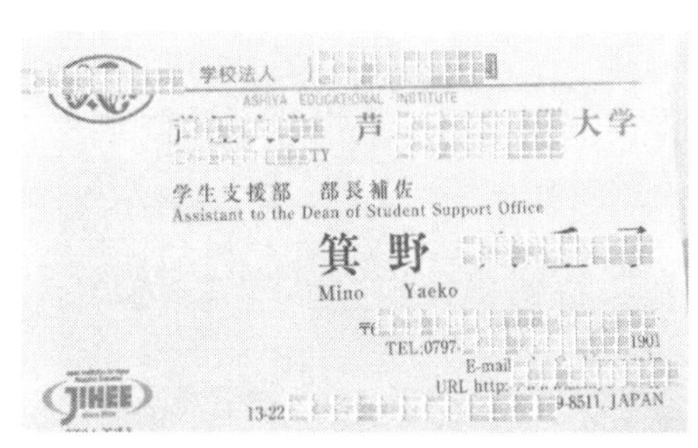

지명형

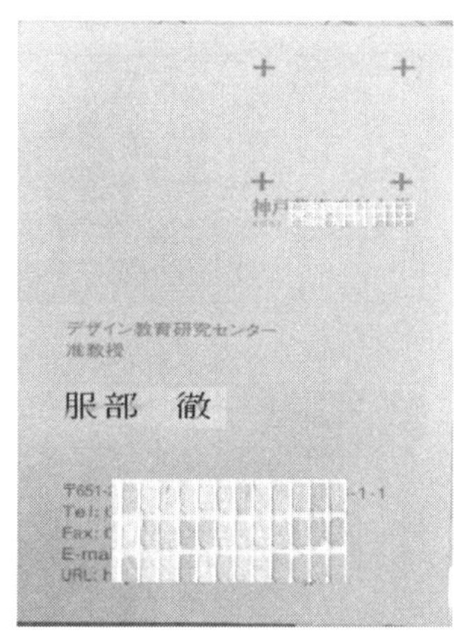

직업형

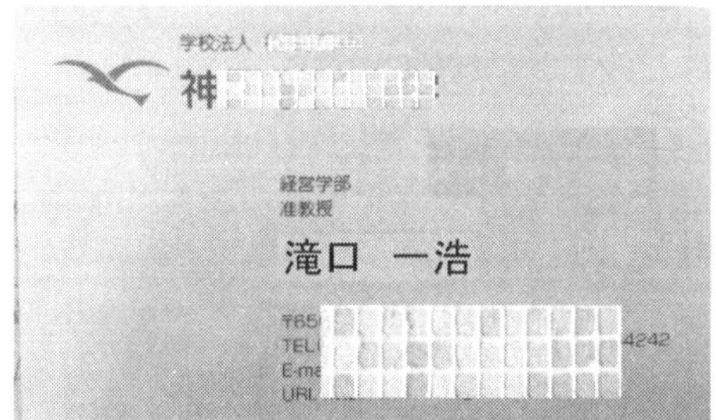

관직형

1. 언어와 문화의 불가분성에 대하여 설명해보세요.

2. 우리의 일상 생활에서 문화가 언어에 미치는 영향을 잘 나타내는 예를 찾아보세요.

3. 호피족에게 눈의 무게가 중요한 이유는 무엇인가?

4. 비와 관련된 일본어 어휘를 나열해 보시오.

　目の前に広がる状況や出来事が同じでも、皆がその中の同じところに着目し、それを同じように表現するとは限らない。むしろ、それは文化によってさまざまで、それをどのように言語で表現するかは多様である。例えば、日本語は「雨」についての表現は多数持っているが、「雪」についてはそれほど豊“な語彙や表現は持ち合わせていないと言える。一方、カナダの先住民であるイヌイットの人々の言語は、「雪」に関する語彙を非常にたくさん持っている。日本語で「降っている雪」、「地面に積もっている雪」、「半解けの雪」、「氷のように固まっている雪」といったように、その状態を説明調で表現する雪一つ一つに、イヌイット語は別々の語彙を持っている(Crystal 1987：15)。また、極寒の地に生活する彼らは、どのような種類の氷また雪が人間の重さに耐えられるか、あるいは犬の重さに、あるいはカヤックの重さに耐えられるかを区別し、それぞれの氷や雪を別々の語で呼んでいる(Nettleand Romaine 2000：16)。日常生活が雪と密接に関わっているイヌイットの人々にとって、氷や雪についてのこのような知識、またそれぞれの語彙は、自分たちが置かれた環境で生存していくために決定的に重要な知識であり語彙である。彼らはこれらの知識に、またこれらの語彙に、自分たちの命を預けてきたのである。(森光、中島　2009：142-143)・・・[中略]・・・イヌイットの人々は日本人とは全く違う目で雪や氷を見、表現し、ホピの人々は日本人とは全く異なる目で空を、飛ぶものを見て表現する。このように、文化によって、人間は異なる言語表現を持ち、異なる考え方をするのである。このことばと思考との関係は複雑で、鶏と卵の問題と同様、「ことばが先か思考が先か」という議論を引き起こす。この問題についてはこれまでさまざまな語論がなされてきたが、現在では、「言語がその言語を使う人の思考の仕方に影響を与える」という考えが一般的に認められている。ことばと思考、いずれが先であるとしても、両者は密接に関わっていることに疑えはない。

森光(2010：59)

'비'와 일본어

〈그림 1-11〉 일본의 우산 전문점

유난히 비가 많이 내리는 일본이라서 그런지, 일본을 여행하다 보면 우산을 파는 우산가게(傘屋さん)를 자주 목격하게 된다. 웬만한 비에는 우산을 쓰지 않고 돌아다니는 서양인들과 비교하면, 비가 오지 않는 날에도 접이식 우산이라고 가방에 꼭 챙겨 다니는 일본인들의 습성은 대조적이다.

일본어에는 비와 관련된 단어가 400여 개에 이른다고 알려져 있다. 실제로 일본의 전통 시가인 「短歌」, 「俳句」, 「民謡」를 비롯해 현대소설, 가요에 이르기까지 비를 주제로 한 작품은 셀 수 없을 정도이다.

문법적으로도 비가 내리는 정도, 모양, 시기에 따라서 풍부한 어휘를 갖추고 있는 일본어는 일본의 지리, 계절, 문화적 배경을 반영하고 있다. '비'라고 하는 자연현상을 통해 '언어는 문화의 거울'이라는 말을 실감할 수 있는 것이다.

〈표 1-7〉 비를 나타내는 다양한 어구

정도	모양	시기
小雨（こさめ）	小ぬか雨（こぬかあめ）	梅雨（つゆ）
霧雨（きりさめ）	雷雨（らいう）	五月雨（さみだれ）
長雨（ながあめ）	氷雨（ひさめ）	秋雨（あきさめ）
豪雨（ごうう）	霖雨（りんう）	時雨（しぐれ）
篠突雨（しのつくあめ）	俄雨（にわかあめ）	緑雨（りょくう）
驟雨（しゅうう）	凍雨（とうう）	秋霖（しゅうりん）

인사하는 방식이 나라마다 천차만별이라는 것은 잘 알려진 사실입니다. 가벼운 악수, 합장, 키스, 심지어 상대방에게 침을 뱉어 반가움을 표시하는 경우까지 나라와 문화에 따라 다양한 인사방식을 찾아볼 수 있습니다.

일본의 경우 대표적인 인사방식으로 허리를 굽히는 인사(「お辞儀」)가 가장 일반적인데, 본인이 처해진 상황, 기분, 대인관계에 따라서 허리를 숙이는 정도가 달라지니 주의해야 합니다.

会釈(약 15도)
상사나 손님하고 지나칠 경우에 사용. 머리만 숙이면 안되고 상체 전체를 살짝 굽힌다.

敬礼(약 30도)
가장 빈번히 사용하는 인사법으로 손님 등을 맞이할 때나 남의 집을 방문했을 때 사용한다. 얼굴을 든 채로 인사하는 것은 예의에 어긋난다.

最敬礼(약 45도)
상대에 대한 경의 혹은 사죄의 의미로 사용하는 가장 정중한 인사법이다.

　일본어에는 「気」가 들어가는 관용구가 다수 발견된다. 본래 중국어의 「氣 ch'i」에서 차용된 개념으로 숨(「息」), 정력(「精力」), 활동력(「活動力」), 공기(「空気」), 날씨(「天気」) 등을 의미한다. 이렇게 인간의 '정신, 혼'에서 출발하여 자연계의 '물리력'에 이르기까지 폭넓은 의미를 지닌 「気」가 일본어에서 다음과 같이 다양한 관용구로 의미 확장되어 있다.

〈표 1-8〉「気」가 들어가는 관용구 예시

気が合う	気が乗らない	気を悪くする	気が短い
気が有る	気が早い	気が沈む	気が滅入る
気が多い	気が向く	気が進む	気が緩む
気が置けない	気が揉める	気が済む	気に入る
気が置ける	気が弱い	気が違う	気に食わない
気が重い	気に掛かる	気が散る	気にする
気が軽い	気に障る	気が付く	気を失う
気が利く	気になる	気が強い	気を配る
気が腐る	気を落とす	気が遠くなる	気を付ける
気が狂う	気を使う	気が長い	気を取り直す
気を揉む	気を取られる	気が抜ける	気を引く
気を緩める	気を抜く	気が晴れる	気を許す

제 2 장

보이는 형용사

1. 'ナ形容詞'를 사용하여 Croft(2001)의 구문주의에 대하여 간략하게 설명하시오.

2. 명사와 형용사와의 품사간 연속성의 근거는 무엇인가?

3. Croft의 구문주의에 입각해서 일본어의 'ナ형용사'의 의미적인 특징을 논하시오.

　構文に注目すると、言語によっては対立的な2つの品詞の中間に別種の品詞が存在することが見えてくる場合がある。日本語の形容動詞がそうである。以下のように構文を導入した明確な座標軸をもつ意味地図を用いると、中間的な品詞としての形容動詞が際立ってくる。

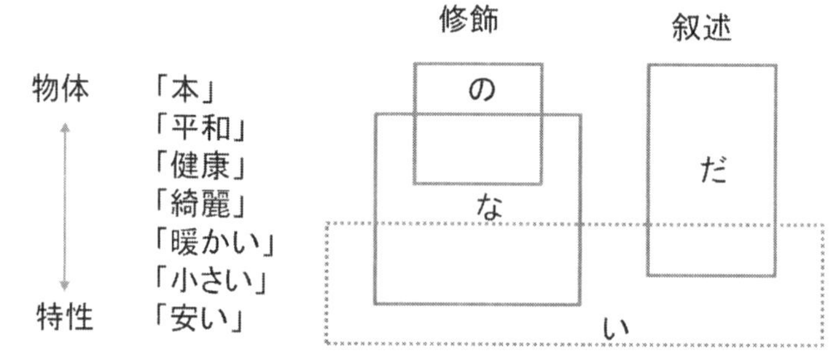

日本語形容詞、形容動詞、名詞の意味地図(Croft2001:95)

　縦軸はモノか関係(形容詞の表す特性など)かの度合いであり、横軸が構文である。認知プロセスを非連続とするのであれば、モノか関係かの2種類であるはずであるが、構文に現れる形式を見ると、修飾構文には「の」「な」をとる2種類の有標の形式があり、「の」と「な」、それに「な」と無標の「い」との間に重なりがあることから、モノと関係が連続的であり、「な」のみをとる中間的なカテゴリーの存在を知ることができる。叙述構文でも、「だ」と「い」の重なりは連続性を示唆している(これはまた、2種類の認知プロセスを同時に反映するようなカテゴリーの存在も示唆していることになる)。このように、いわゆる原初的なカテゴリーを前提とせず、原初的なカテゴリーを構文からの派生として捉え、構文こそが真に原初的とするのがクロフトの構文主義の要点である。

池上(2004 : 27-28)

일본어의 형용사는 2장에서 소개한 명사(体言)와는 대비적으로 실제 문장에 사용하는 데에 있어서 규칙적인 활용(活用)을 통하여 형태적인 변화가 발생하는 용언(用言)에 속한다. 일본어의 형용사는 이러한 형태적인 활용, 즉 변화측면에 초점을 맞추어서 크게 イ형용사와 ナ형용사로 나눌 수 있다.

〈표 2-1〉 형용사의 활용

	연체(連体)형	종지형	부정형
イ형용사	～いN	～い。	～くない。
예시	赤いりんご 大きいカバン	りんごが赤い。 カバンが大きい。	りんごが赤くない。 カバンが大きくない。
ナ형용사	～なN	～だ。	～ではない。
예시	綺麗な瞳 暇な時	目が綺麗だ。 暇だ。	目が綺麗ではない。 暇ではない。

세상에는 과연 몇 가지의 색이 존재하는 것인가? 빨강, 노랑, 파랑 등과 같이 각각의 색을 나타내는 색깔명칭이 모두 구비되어 있는 것인가?

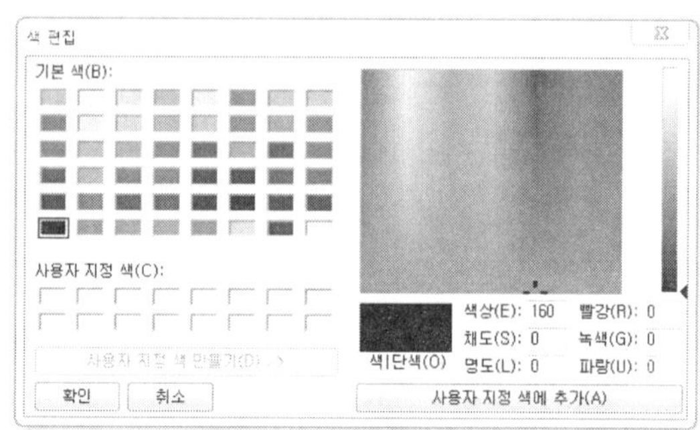

〈그림 2-1〉 색의 연속성

이 세상에 존재하는 색의 개수를 모두 세워보려고 한다면 이는 불가능한 일일 것이다. 요즘 웬만한 컴퓨터에 내장되어 있는 위 그림과 같은 사진편집 툴만 보더라도 각각의 색은 채도와 명도 등 디지털 단위의 연속적인 숫자로 구별되어 있어서, 기본색이라고 할 수 있는 빨강, 파랑, 노랑조차도 언어주체가 모두 납득할 수 있을 정도의 기준으로 명확히 재단해 내는 것은 불가능하다.

이렇게 연속적인 색채의 속성으로 인하여 이를 물리적으로 분절 할 수는 없는데, 언어의 세계에서는 어느 언어에나 구체적인 색을 나타내는 색채명사가 존재하고, 언어에 따라서 개수 및 종류가 제한되어 있다.

일본어의 경우, 고대일본어에는 색채를 나타내는 단어가 존재하지 않았다고 한다. 그래서 색을 나타내려고 할 때 자연계에 존재하는 물체(ex. 「緑」, 「紫」 등의 식물)로 대체 하거나, 「桃色」, 「蜜柑色」, 「灰色」, 「狐色」, 「鼠色」, 「金色」, 「銀色」 등과 같이 동물, 광물 등으로 확대하여 수많은 색채명칭이 만들어졌다. 또한, 근래에는 「ピンク」, 「オレンジ」, 「グレー」, 「グリーン」, 「シルバー」 등의 외래어를 다수 차용하고 있다. 물론, 이렇게 우후죽순 생겨난 색채명사에 대응하는 형용사가 모두 존재하지는 않고, 「赤い」, 「黒い」, 「青い」, 「白い」 등 4가지 형용사를 기반으로 색의 농도를 조금씩 변화시켜(ex.「真っ赤」,「真っ白」 등의 「ま〜」) 미묘한 색감을 구별해낸다. 이는 일상생활에서 흔히 우리가 사용하고 있는 칼라프린트의 잉크 구성에 있어서 빨강, 노랑, 파랑, 검정의 4색이 기본이 되어 화려한 디지털세상을 만들어내는 것과 일맥상통하는 것이다.

〈그림 2-2〉 칼러프린터의 4색잉크

〈표 2-2〉 ナ형용사의 주관성과 어휘 생산성 예시

ハードな仕事	어려운 일	ラッキーな人	운이 좋은 사람
ホットなニュース	핫뉴스	ハッピな人	행복한 사람
ハンサムな男の人	잘생긴 남자	タフな仕事	힘든 일
キュートな子犬	귀여운 강아지	デリケートな性格	섬세한 성격
シャイな男の子	부끄러움이 많은 남자	ショッキングな出来事	쇼킹한 사건
コミカルな表情	우스꽝스러운 표정	アグレッシブな動物	공격적인 동물
チャーミングな女性	매력적인 여성	ベストな方法	최선의 방법
カジュアルな服装	격식을 차리지 않은 복장	フォーマルな服装	격식을 차린 복장
クールな音楽	쿨한 음악	ニッチな仕事	틈새 직종
パーフェクトな論文	완벽한 논문	スマートな人	똑똑한 사람

드라마 제목의 「美しき日々」의 「き」는 뭔가요?

〈그림 2-3〉 「き」활용 예시

　고전문법에서 현대어의 イ형용사의 종지형은 「し」였습니다. 또한 현대어에서 「い」로 끝나는 형용사는 고전문법에서 「ク」활용을 하였고, 「しい」로 끝나는 형용사는 「シク」활용을 하였습니다.

〈표 2-3〉 고전문법의 형용사 활용표

	연체형(連体形)	종지형(終止形)	미연형(未然形)
ク활용	~きN	~し。	~(く)から
シク활용	~しきN	~し。	~(しく)しから

　현대어에서 가끔 발견되는 형용사의 활용형 「き」는 이러한 고대어의 잔재입니다.

2-3 형용사의 객관성과 주관성

형용사란 사물의 속성, 상태를 나타내거나 인간의 감정, 감각을 나타내는 것으로 크게 객관성이 강한 속성형용사와 주관성이 강한 감정형용사로 나눌 수 있다.

狭い

a. 部屋が狭くて物が置けない。

b. 恋人に死なれて悲しい。

悲しい

a 는 사물의 속성 b는 사람의 감정을 나타내는 전형적인 예문으로 각각 '방의 상태'와 '화자의 감정'을 나타내고 있다.

c. 今日は暑いわね！

또한, 형용사의 분류에 있어서 감정형용사와 감각형용사를 하나의 카테고리인 '감정·감각형용사'로 묶어서 이해하는 것이 일반적이다. 그러나, c의「暑い」(감각형용사)와 b의「悲しい」(감정형용사)를 비교하여 보면,「悲しい」는 말하는 사람의 주관적인 감정이 매우 강하게 드러나고 있는데 반하여,「暑い」는 말하는 사람의 감정이 아니라 날씨에 대한 평가를 말하는 것으로 객관적인 기준(c에서 '온도')에 근거한 감각이라고 볼 수 있다.

暑い

본서에서는 속성형용사와 분리하여 '감정·감각형용사'를 하나의 카테고리로 묶는 '2대 분류방식'에서, 감정형용사와 감각형용사를 구분한 다음의 '3대 분류방식'을 취하고자 한다.

객관성 → 주관성

속성형용사　　　감각형용사　　　감정형용사

〈표 2-4〉 주요 형용사의 리스트 3대분류 예시

속성형용사	감각형용사	감정형용사
あかい	あかるい	たのしい
あたらしい	暑い	つまらない
おおきい	さむい	おもしろい
ひくい	あたたかい	かわいい
ふかい	うるさい	きらいだ
やすい	おいしい	すきだ
ながい	すずしい	だいすきだ
かるい	つめたい	だいきらいだ
ちかい	まずい	ほしい
はやい	あまい	ざんねんだ
みじかい	からい	しんぱいだ
むずかしい	くさい	いやだ
おおい	しおからい	うれしい
わるい	すっぱい	かなしい
つよい	いたい	さびしい
ふとい	だるい	こわい
かたい	くるしい	はずかしい

형용사에는 다음 리스트와 같이 대조적인 의미를 나타내는 반의어가
존재하는 경우가 있다.

〈표 2-5〉 대립적인 의미를 나타내는 형용사 예시(속성 형용사)

白_{しろ}い	↔	黒_{くろ}い
大_{おお}きい	↔	小_{ちい}さい
新_{あたら}しい	↔	古_{ふる}い
高_{たか}い	↔	低_{ひく}い
赤_{あか}い	↔	青_{あお}い
近_{ちか}い	↔	遠_{とお}い
速_{はや}い	↔	遅_{おそ}い
多_{おお}い	↔	少_{すく}ない
軽_{かる}い	↔	重_{おも}い
広_{ひろ}い	↔	狭_{せま}い
長_{なが}い	↔	短_{みじか}い
強_{つよ}い	↔	弱_{よわ}い
丸_{まる}い	↔	四角_{しかく}い
細_{ほそ}い	↔	太_{ふと}い

이와 같이 정면으로 대치되는 의미를 나타내는 반의어가 존재한다는
것은 객관성이 강한 속성형용사일 가능성이 농후하다. 반대로 개인적인
감정 혹은 감각을 나타내는 감정형용사와 감각형용사의 경우, 구체성이
결여되어 명확한 상태를 확정 지을 수 없기 때문에 이와 완전히 대치되는
감정·감각을 상정하기 어려운 것이다.

「小(ちい)さな」와 「小(ちい)さい」의 의미적인 차이점은 무엇인가요?

앞에서 설명한 イ형용사의 객관성과 ナ형용사의 주관성을 이해하면 쉽게 알 수 있는 차이점입니다.

단순히 물리적인 크기가 작다는 것을 객관적으로 나타내는 것이 「小(ちい)さい」이고, 여기에 주관적 감정이 개입된 것이 「小(ちい)さな」라고 할 수 있습니다.

    a. 小(ちい)さい手(て)でピアノを弾(ひ)くのは難(むずか)しい。
    b. 子供(こども)が小(ちい)さな手(て)で上手(じょうず)にピアノを弾(ひ)いている。

위 예문에서 a의 「小(ちい)さい」는 '피아노를 치기에 적합한 손의 크기'에 대하여 화자가 객관적으로 가지고 있는 평가 기준에 의거해 손의 크기가 작다는 것을 의미합니다. 이에 대해, b의 「小さな」는 '신체적인 불리한 조건에도 불구하고 피아노를 잘 치고 있는 아이'에게서 느낀 화자의 주관적인 감정(예를 들어 '애석함' 등)이 동시에 전달됩니다.

감성적인 동화 등의 문학작품에서 사물의 상태를 묘사하는 경우, ナ형용사의 등장이 압도적으로 많은 이유도 이러한 イ형용사의 객관성과 ナ형용사의 주관성에서 그 원인을 찾아볼 수 있는 것입니다.

1. 감정형용사의 인칭제한에 대하여 구체적인 예를 가지고 설명해 보시오.

2. 속성형용사와 감정형용사를 구별할 수 있는 테스터는 무엇인가?

3. 「～がる」는 형용사 분류에 있어서 절대적인 기준인가?

「うれしい」「悲しい」などの感情や「痛い」「かゆい」などの感覚を表す形容詞(および形容動詞)は、話し手の感情・感覚を表すのが原則とされ、構文上、あるいは共起制限の上で様々な興味深いふるまいを見せる。その一例は、言い切りの形で述語に用いられる場合、以下のような人称制限が観察されることである。

(1) a.　わたしはうれしい。
　　 b.＊あなたはうれしい。
　　 c.＊あの人はうれしい。

　この人称制限とその解除という現象については、これまで多くの論考が発表されてきたが、それらの研究において感情形容詞を同定する際の指標とされてきたのが、動詞化の接尾語「がる」の付加を許すかどうかということであった。「がる」のつくものを感情形容詞、つかないものを属性形容詞とする分類方法である。
　しかし、この分類方法が適用できない例がいくつか見られる。それは「強がる」「新しがる」など、属性形容詞としか思えない「強い」「新しい」に、「がる」のつく形が認められることである。小山(1966：73)はこれを「本来のものではなく、『……のふりをする』の新造語である。」とし、西尾(1972：24)も「これらの『～がる』は形容詞が表わしているようすを自分が所有しているふりをする、そのことを誇示する、のような意味であって、『うれしがる』『痛がる』などの『～がる』とは区別して考えうるものである。」と述べ、ともに例外として処理している。西尾は同時に、感情と属性の中間的な位置にあるものに、「汚がる」「重宝がる」などの用例があることを認めているが、これについては、「属性形容詞ではあるが，やや感情形容詞的にも用いられることのあるもの」(：25)と、ややあいまいな記述になっている。
　感情形容詞の構文論的なふるまいについては、「他者の感情を表すときには『がる』をつける」というように記述されることも多いのであるが。。。

清水(1992：11-12)

　일반적으로 감정/감각을 나타내는 형용사의 주체는 1인칭, 즉 발화자가 된다.

> a. 相手に信用されてないのは悲しいですね。
>
> (Yahoo!知恵袋, 2005,恋愛相談、人間関係の悩み)
>
> b. 嫉妬してくれれば、それはそれでうれしいんだけど。
>
> (亀山早苗著『男と女…』, 2004, 598)

본인의 감정을 다른 사람이 대변할 수는 없는 것이다.

> c. あなたは悲しい。(×)
>
> d. あなたは嬉しい。(×)

　「～がる」는 감정/감각 형용사에 접속하여 '해당 형용사가 나타내는 감정/감각 을 느끼거나 생각하고 있음'을 나타낸다.

> e. 机を叩いて悔しがる。
>
> f. 同情を引くためにわざと苦しがる。
>
> g. みんなが彼女のそばに座りたがる。

　물론, 「～がる」가 모든 형용사에 접속할 수 있는 것은 아니다. 말하는 사람의 감정/감각이 개입할 여지가 전혀 없는 속성형용사에는 사용할 수 없고 감정 및 감각 형용사에만 사용할 수 있다. 이에 「～がる」는 감정/감각 형용사와 속성형용사를 구분하는 유용한 테스터(tester) 라고 할 수 있다.

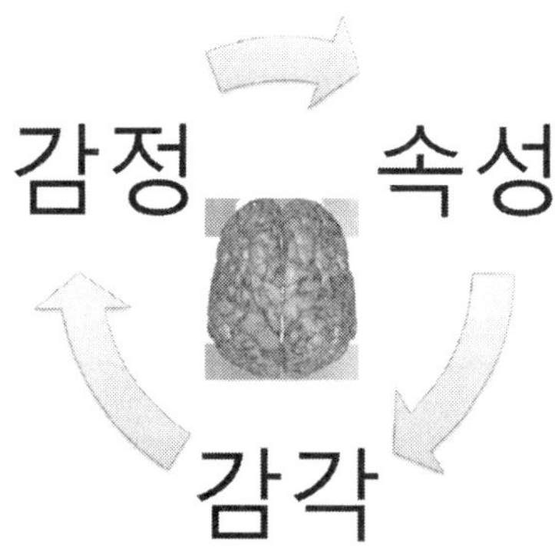

그림#. 속성, 감각, 감정의 연속성

　본서에서는 언어적인 측면에서 일본어의 형용사를 크게 속성, 감각, 감정의 세가지로 나누어서 구분하고 있지만, 이들은 인간의 뇌에서 일어나는 일련의 연속적인 과정으로 이해할 수 있는 것이다. 인간의 눈에 비치는 사물의 객관적인 속성, 인간의 신경세포를 자극하는 감각, 그리고 이들 속성 및 감각에 대한 종합적인 인간의 판단 즉, 감정은 모두 인간의 뇌 속에서 연동되어 일상적으로 활발히 일어나고 있는 일련의 가치판단 과정이라고 할 수 있는 것이다.

「かわいい猫」？「かわいらしい猫」？

「かわいい」는 속성, 감정의 두 가지 의미를 동시에 가지고 있다.

  a. 娘がかわいよくて仕方がない。(감정의 의미)
  b. うちの娘はかわいいほうだ。(속성의 의미)

a의 「かわいい」는 말하는 사람의 딸에 대한 애틋함을 나타내는 감정형용사로, b의 「かわいい」는 객관적으로 딸의 외모를 평가하고 있는 속성형용사로 각각 사용되었다.

이렇게 형용사 「かわいい」는 두 가지의 의미를 나타낼 수 있는 데에 반해, 「かわいらしい」는 감정형용사로는 사용할 수 없고 속성형용사로만 사용할 수 있으니 주의하자.

  c. 娘はかわいらしくて仕方がない。×
  d. うちの娘はかわわらしいほうだ。○

さぶい！(썰렁!)

　오사카의 사투리(大阪弁)이다. 상대가 농담으로 던진 말에 대하여 별다른 감흥을 느끼지 못했을 때 사용하는 형용사로 지금은 그 사용 범위가 오사카를 뛰어넘어서 전국적으로 통용되고 있다. 원래 감각형용사「寒い」의 음변화형이지만, 말하는 사람의 주관적인 감정을 나타내는 감정형용사로 전성된 것으로 볼 수 있다.

　일본어 형용사의 생성과정에서도 역사적으로 외래문화에 개방적인 자세를 취해온 일본인들의 습성을 다시 한번 확인할 수 있다. 즉, 일본어의 형용사에는 외래어를 차용해서 만든 차용형용사가 다수 존재하는데, 과거에는 한자어를 차용하는 비중이 높았지만 현대어에서는 가타가나를 이용한 외래어 차용 빈도가 늘어나고 있는 추세이다.

　또한, 차용형용사는 형태적으로 모두 'ナ형용사'가 되는데, 앞서 지적한 'ナ형용사'의 어휘 생산성을 다시 한번 확인할 수 있다.

〈표 2-6〉 가타가나 차용형용사 예시

가타가나	외래어	가타가나	외래어
ラッキーだ	lucky	ユニークだ	unique
スリムだ	slim	クールだ	cool
カジュアルだ	casual	スマートだ	smart
ホットだ	hot	ドライだ	dry
セクシーだ	sexy	ナチュラルだ	natural
ハッピーだ	happy	ハンサムだ	handsome
シャイだ	shy	シンプルだ	simple
ベストだ	best	タフだ	tough

제 3 장
보이는 동사

遊ぶ

일본어의 동사는 분류기준에 따라서 다음과 같이 다양한 분류가 가능하다.

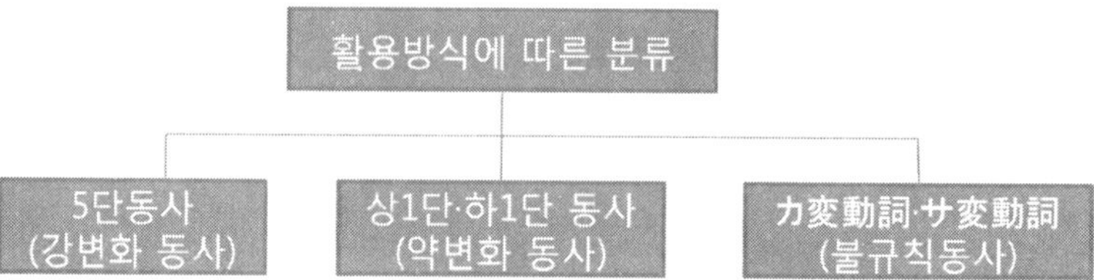

'활용방식에 따른 분류'는 가장 기본적인 동사분류 방식의 하나로, 형태적인 활용 방식의 차이에 따라서 5단동사, 상1단동사, 하1단동사, 변격활용동사로 나눌 수 있다.

활용하는 정도에 따라서 활용 정도가 가장 큰 강변화동사와 활용 정도가 가장 약한 약변화 동사 등으로 나누거나, 어간이 끝맺는 종지형태가 자음이냐 모음이냐에 따라서 자음동사, 모음동사로 구분하기도 하는데, 고대어의 복잡한 활용방식에 비하여 점차 간소화되어 가고 있다.

표 3-1. 일본어동사의 활용 예시

	활용방법	예
1류동사	「ウ」단을 「イ」단으로 바꾸고 「ます」를 붙인다.	思う -> 思います 行く -> 行きます 飲む -> 飲みます 遊ぶ -> 遊びます 作る -> 作ります
2류동사	「る」를 없애고 「ます」를 붙인다.	見る -> 見ます 食べる -> 食べます
3류동사	어간의 변화에 주의해서 외우도록 하자!	来る -> 来ます する -> します

서술부 구성요소에 의한 분류

자동사 (1항동사)	타동사 (2항동사)

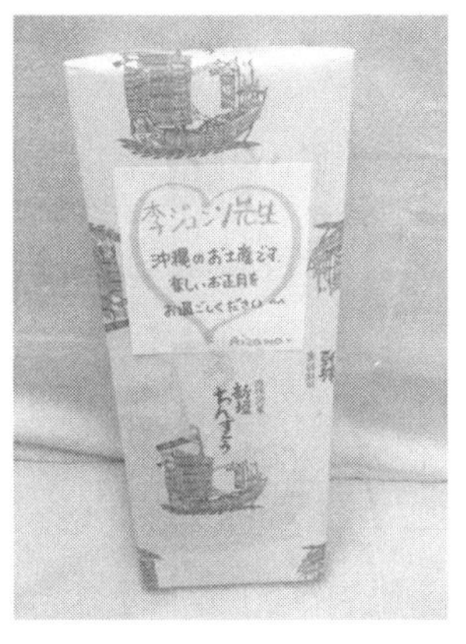

お土産

　서술부를 구성하는 최소 구성요소의 개수에 따라서 1항동사(자동사)와 2항동사(타동사)로 나눌 수 있다. 주어 및 목적어를 동시에 수반해야 하는 타동사와 목적어를 필요로 하지 않는 자동사로 나누는 것이 기본적인 분류방식이다.

a. 私は毎日7時に起きます。　　　　　　　　　　　　　　- 자동사 -

b. おれも一緒に行く。(宮部みゆき著『理由』, 2004, 913)　　- 자동사 -

c. パパはちゃんとごはんを食べているだろうか。　　　　　- 타동사 -

(小川勝己著『彼岸の奴隷』, 2001, 913)

d. 父は来るたびにお土産を買って来てくれた。　　　　　　- 타동사 -

(小杉健治著『父からの手紙』, 2003, 913)

1. 자동사와 타동사를 구분하는 전통적인 2가지 기준은 무엇인가?

2. 일본어 동사에 있어서 자동사와 타동사를 구분하는 기준은 무엇일까?

　自動詞と他動詞の区別は文法研究において基本的な概念である。伝統的には，自他の区別は直接目的語ないしヲ格目的語を取るかどうかという統語的な基準，あるいは，「続く，続ける」や「植える，植わる」のような形態的な基準から論じられることがほとんどであり，実際，その方面のおびただしい数の研究によって，直接目的語の現れかた(Hopper & Thompson(1980) の他動性の度合い)や日本語の接辞による形態的な派生関係(須賀・早津(編)(1995)の諸論文を参照)などがかなりの程度にまで解明されてきた。

景山(1997 : 139)

의지성의 유무

유의지동사   무의지동사

인간의 의지로 어떤 행위를 적극적으로 실행한다는 의미를 나타내는 의지동사와, 인간의 의지와는 상관없이 어떤 결과가 자연스럽게 초래된다는 의미를 나타내는 무의지동사로 나눌 수 있다. 의지성의 개입 여부는 다음과 같은 문법적인 차이를 만들어 낸다.

〈표 3-2〉 의지동사와 무의지동사의 차이

	원형	명령	금지	희망	의지	의뢰	가능	사역	수동
의지동사	書く 食べる する	書け 食べろ しろ	書くな 食べるな するな	書きたい 食べたい したい	書こう 食べよう しよう	書いて 食べて して	書ける 食べられる できる	書かす 食べさせる させる	書かれる 食べられる される
무의지동사	ある できる 降る	× × ×	× × ×	× × ×	× × ×	× × ×	× × ×	× × ×	× × ×

문법적 의미에 따른 분류

계속동사　　　　　순간동사

しんかんせん
新幹線

　인간이 행하는 동작에는 일정 기간의 지속적인 행위를 필요로 하는 것과 이와 반대로 일순간의 행위로 의도한 동작이 완료되는 것이 존재한다. 「勉強する」와 「終わる」를 대비하여 보면, 「終わる」는 목표로 하는 순간의 종료시점에 도달하면 그 의미가 실현되는 데에 반하여, 「勉強する」가 의미하는 동작의 실현을 위해서는 일정 기간의 지속적인 노력이 요구되며 종료지점 또한 불명확하다.

　어떤 동사가 나타내는 의미를 실현하는 데 있어서 일정 기간의 시간을 필요로 하는 동사를 '계속동사'라고 하고, 일순간에 의도한 동작이 완료해 버리는 동사를 '순간동사'라고 한다. 사실 두 동사의 차이를 구분하기는 쉽지 않은데, 일본어의 「~ている」는 이를 구분해주는 '아스펙트 표현'으로 매우 유용하다.

a. 昨日の仕事は、午後七時には、全部<u>終わって</u>いましてね。(순간동사)

(西村京太郎著『青森ねぶた殺人事件』, 2005, 913)

b. 約１３分後に新幹線は終点である盛岡駅に<u>着く</u>。　　　(순간동사)

(竹内均編『竹内均の日本の地誌』, 2000, 291)

c. 日本語を二年<u>勉強した</u>という張さんは、正直なことをうち明けた。

(계속동사)

d. 帰ってくるかどうか分からない人を<u>待つ</u>のはつらい。　　(계속동사)

(高毛礼誠著『あなたを忘れきれない男たち』, 1993, 913)

기능적 역할에 의한 분류

본동사　　　　　　　　보조동사

보조동사란 어떤 동사에 접속하여(일반적으로 「て」형) 본래의 의미와 다른 문법적인 의미를 나타내며 다른 동사의 쓰임을 도와주는 역할을 하는 동사를 말한다. 이에 대해 본동사란 본래의 동사 의미로 사용된 일반적인 경우의 동사를 말한다.

    a. ほとんど毎晩、テレビを見ます。　　　　　　　　　　(본동사)

          (向井京子著『とっさに使える英会話』, 2000, 837)

    b. 想像図を書いてみましょう。　　　　　　　　　　　(보조동사)

          (三輪睦雄編著『プロ教師おもしろ授業』, 2004, 375)

    c. お父さんは、申し訳なさそうに箸を置いた。　　　　(본동사)

          (華房憬著『私-柏木春菜』, 2005, 913)

    d. サイズを覚えておくと便利です。　　　　　　　　　(보조동사)

         (森村進著『女性のためのオートカメラ自由自在』, 1989, 743)

위 문장에서 a, c의 「見る」는 각각 본래 의미로 '눈으로 텔레비전을 보다'는 의미, '젓가락을 내려놓다'는 의미로 사용되었지만, b의 「みる」와 d의 「置く」는 본래의 의미와는 달리 각각 '시도한다', '어떤 행위를 완료한다'는 문법적인 의미로 사용되어 전항동사의 의미를 보조하는 역할을 하고 있다.

    e. まず、先日アン君に教えてもらったセンカルビという味のついていない肉をもらった。　(沢木耕太郎著『杯』, 2004, 783)

e의 「もらう」는 한 문장 안에서 각각 보조동사로 '호의를 얻다', 본동사로 '실제로 물건을 받는다'는 의미로 사용되었다.

일본어 동사의 활용방식은 모두 몇 가지인가요?

품사 중에서 활용의 정도가 가장 심한 것이 동사라고 할 수 있습니다. 일본어의 경우 특히 고전어에서는 현대어에 비해 더욱 더 다양한 활용방식을 취하였는데, 시대에 따라서 활용방식이 변화되어 왔습니다. 지금까지의 활용방식의 변천과정을 통하여 앞으로의 활용방식의 변화를 예측해보면, 다음 그림과 같이 더욱 더 간소화의 방향을 향할 것으로 짐작해볼 수 있습니다.

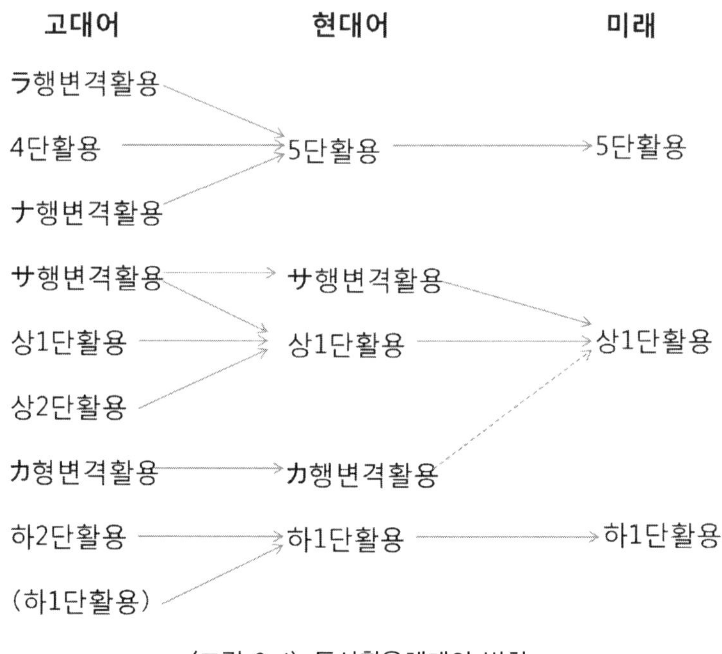

〈그림 3-1〉 동사활용체계의 변화

실제로 현대어의 변격활용동사의 경우, 'カ행변격활용'을 대표하는 「来る」, 'サ행변격활용'을 대표하는 「する」 이외의 다른 예를 찾아볼 수 없습니다. 이에 'カ행변격활용', 'サ행변격활용'을 각각 하나의 독립된 형태의 활용방식이라고 부르기 어렵습니다. 또한 '상1단활용', '하1단활용'의 구분에 있어서도 현대일본어에 있어서 눈에 띄는 활용방식의 차이를 찾아볼 수 없으므로 사실상 의미를 잃어버린 분류 기준이라고 할 수 있습니다.

따라서, '상1단활용', '하1단활용'를 하나로 묶어서 '모음동사'로 하고, 나머지를 '자음동사'로 묶을 수 있으니, 현대일본어는 이미 다음 그림과 같이 최대한의 간소화 체계(자음동사 vs 모음동사)를 완성했다고 해도 과언이 아닙니다.

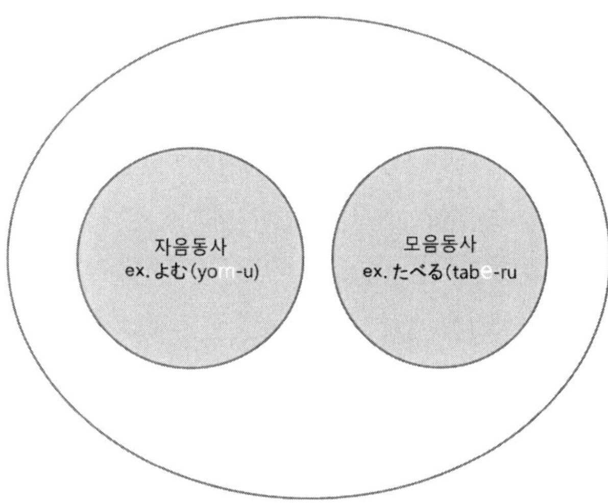

〈그림 3-2〉 미래의 일본어동사의 활용체계

5개의 모음을 하나의 열로, 10개의 자음을 하나의 횡으로 나열하여 조합해서 만든 50음도가 지금의 체계적인 형태로 자리 잡힌 것은 무로마치시대(室町時代-1336~1573-) 이후로 추정된다. 일본어의 음운체계를 한 눈에 알 수 있는 50음도는 문자의 변형, 일부 음운의 탈락 등 여러 역사적인 변천과정을 거쳐왔지만, 일본어의 근간을 지탱하는 것으로서 중요한 역할을 하고 있다. 또한, 50음도는 일본어의 음운체계를 보여줄 뿐만 아니라, 다음 그림에서와 같이 현대일본어의 문법체계, 특히 동사의 활용방식을 체계적으로 나타내고 있다. 따라서 현대일본어의 50음도는 음운체계와 문법체계가 연동된 것으로 세계의 어느 언어에서도 유래를 찾아보기 힘든 독특한 체계(System)라고 할 수 있는 것이다.

〈표 3-3〉 현대일본어의 음운체계(Phonetic System)와
활용체계(Grammar System) 의 연동

ワ行	ラ行	ャ行	マ行	ハ行	タ行	サ行	カ行	ア行	활용형	예
わ	ら	や	ま	は	た	さ	か	あ	부정형	行かない。
	り		み	ひ	ち	し	き	い	긍정형	行きます。
	る	ゆ	む	ふ	つ	す	く	う	기본형	行く。
	れ		め	へ	て	せ	け	え	명령형	行け。
を	ろ	よ	も	ほ	と	そ	こ	お	의지형	行こう。

1. Vendler(1967) 의 동사 분류 기준은 무엇인가?

2. Vendler(1967)의 동사 분류와 金田一(1950)의 동사분류 기준을 비교해 보시오.

哲学者Vendler(1967)　の研究は、英語動詞を語彙的アスペクトによって分類したものとして言語学でも広く知られている。Vendler の動詞分類を概説しておこう。

Vendler(1967)の4分類

(A) 状態(states): know, believe, have, desire, love

(B) 到達(achievements): recognize, spot, find, lose, reach, die

(C) 活動(activities): run, walk, swim, push a cart, drive a car

(D) 達成(accomplishments): paint a picture, make a chair, push a cart to the supermarket, recover from illness

・・・中略・・・

日本語に関しては、Vendler に先んじて金田一(1950)が動詞の4分類を発表している。金田一(1950)は、状態、行為、変化といったアスペクトの観点に着目し、動詞「～ている」が付くかどうか、また、「ている」が付く場合にはどのような意味になるのかを考察した。

金田一(1950)の日本語動詞の 4 分類

第一種「状態動詞」：時間の概念を超越して本来的に状態を表す動詞で，「している」が付かない。

[例](机が)ある，(英語が)できる，(このナイフはよく)切れる，(注目に)値する，(三時間を)要する

第二種[継続動詞]：ある時間内続いて行われるような動詞・作用を表し，「ている」が付くと動作が進行中であることを意味する。

[例]読む，書く，笑う，なく，喋る，歌う，見る，聞く，飲む，押す，歩く，働く，考える，拭う，燃える，(雨が)降る

3. 일본어 동사분류의 기
   준인 '~ている'의 한계
   성에 대하여 논하시오.

　第三種[瞬間動詞]：瞬間に終わってしまうような動作・作用を表
し、「ている」が付くとその動作・作用の結果の残存を意味する。

　[例]結婚する，卒業する，死ぬ，(電灯が)つく，消える，さわ
る，届く，決まる，見つかる，(目が)覚める，出発する，到着す
る，(雨が)止む，忘れる，失う，知る，分かる

　第四種の動詞：いつも「～ている」の形で用いられ、ある状態を
帯びていることを表す。

　[例](山が)そびえ，優れる，富む，似る，ずば抜ける，ありふれ
る，ばかげる，坊ちゃん坊ちゃんする

景山(1997：41－44)

동사는 문중에서 문의 기둥(文の柱)이라고 할 수 있을 정도로 중요한 위치를 차지하는데, 술어부를 구성하는 것으로 다양한 각도에서 분류할 수 있다. 본서에서는 앞서 제시한 Vendler(1967)와 金田一(1950)의 4분류를 기반으로 일본어 동사를 통어적·의미적 관점을 동시에 고려하여 다음과 같이 분류한다.

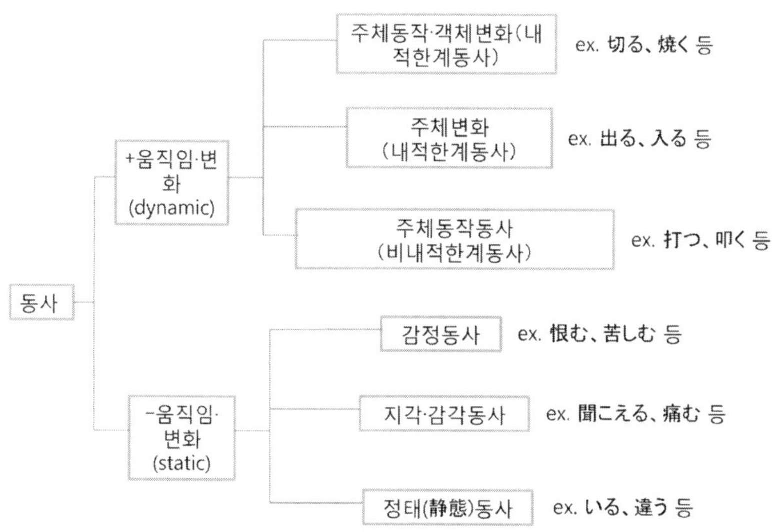

〈그림 3-3〉 통어적 · 의미적 동사분류

여기에서, 일본어 동사의 한계성(telicity)에 대해서는 다음 工藤(2002)의 이론에 따른다.

工藤(2002)는 「切る」,「死ぬ」와 같이 동사 자체적으로 지니고 있는 내적인 시간적한계, 즉 어떤 정점(climax)에 도달해야 동작이 완료했다고 할 수 있는 동사를 내적한계동사(內的限界動詞, telic동사)라고 하였다. 이에 반해, 「叩く」,「歩く」는 특별히 동작이 완료했다고 할 수 있는 정점을 가지고 있지 않은데, 이러한 동사들을 비내적한계동사(非內的限界動詞, atelic동사)라고 하였다.

시제(tense), 아스펙트(aspect), 내적한계(telic), 비내적한계(atelic)의 구분이 안돼요!

우리는 시간의 흐름 속에서 수많은 발화를 만들어 냅니다. 따라서 모든 발화는 시간과 연동되고 실제 발화내용도 시간적인 흐름 속에서 이해되어야 합니다. 일본어에 있어서 이러한 시간적인 관계를 형성하는 기능을 하는 것이 시제(tense)를 나타내는 조동사(「~ていた」「~た」「~ている」「~る」 등)입니다.

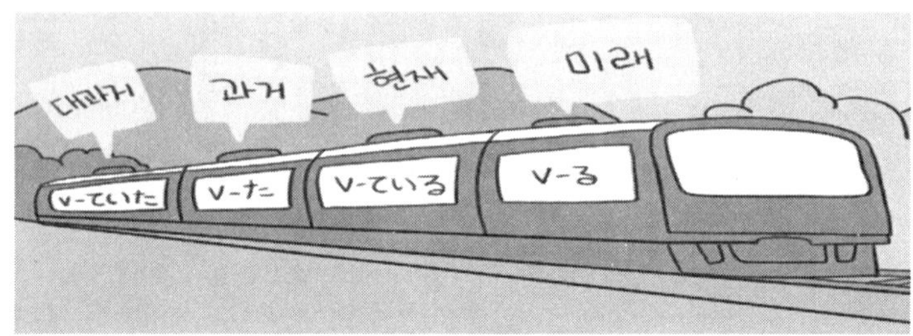

이러한 시제 관계가 발화시점과 거시적인 관점에서 시간적인 관계를 구분 짓는 것이라고 한다면, 아스펙트(aspect) 는 다음 그림에서와 같이 발화시점과 무관하게 동사 자체가 지니는 행위의 실현 국면과 관련된 '미시적인 시간 국면'을 나타내는 것이라고 할 수 있습니다.

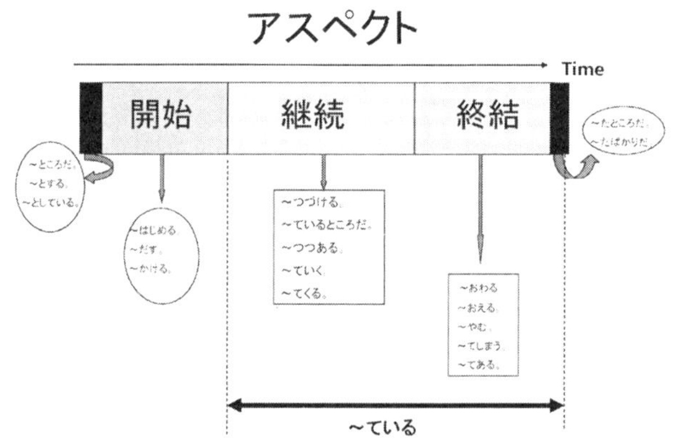

〈그림 3-4〉 아스텍트 개념도

a. 昨日は４ヶ月ぶりに美容院に<u>行ってきました</u>♪(Yahoo!ブログ, 2008, テーマパーク)

b. 去年は<u>咲かなかった</u>んだけど、今年はたくさん花が<u>ついた</u>の＾＾。

(Yahoo!ブログ, 2008, 住まい)

c. そろそろ夏休みを、と<u>思っていた</u>ところさ。(新津きよみ著『血を吸う夫』, 1999, 913)

d. だいぶ語彙が<u>増えてきました</u>ね。(金子守著『ゲーム理論と蒟蒻問答』, 2003, 331)

또한, 각각의 개별 동사가 전달하는 의미의 실현에 있어서도 시간적인 개념이 개입됩니다. 이러한 측면에서 이해할 수 있는 것이 바로 한계성(telicity)의 개념입니다. 즉, 「切る」, 「死ぬ」 등은 각각의 동사의 의미 안에 자체적으로 내적인 시간적한계를 지니고 있다어서 어떤 정점(climax) 에 도달해야 의미가 실현됐고 할 수 있는데, 이러한 동사들을 내적한계동사(内的限界動詞, telic동사)라고 합니다. 이에 반해 「叩く」 「歩く」 등의 동사는 특별히 동작이 완료됐다고 할 수 있는 정점을 가지고 있지 않은데, 이러한 동사들을 비내적한계동사(非内的限界動詞, atelic동사)라고 합니다.

e. 藤原紀香の髪を<u>切ってる</u>だけで、もはや本人が大スターなんだよ。

(浅草キッド著『発掘』, 2002, 779)

f. 亀井が<u>死んだ</u>のはそれから十日ほど後のことであった。

(中谷孝雄著『招魂の賦』, 1998, 913)

g. 太鼓をたたきながら来るんですけどね、<u>歌ってる</u>文句がたいへんのんきなんですよ。

(宮田章司著『江戸売り声百景』, 2003, 779)

h. 田舎の町を<u>歩いて</u>いると、野菜の無人スタンドがある。

(嵐山光三郎著『新素人包丁記・海賊の宴会』, 1993, 596)

切る

　주체의 능동적인 행위로 객체가 변화한다는 의미를 나타내는 동사그룹으로 가장 전형적인 동사(動詞)라고 할 수 있다. 주체의 움직임과 이로 인해 유발된 객체의 변화 정도가 가장 큰 동사이다.

a. 包丁があれば、肉を切ることができたけど、そのときは持ってなかったし」(沙藤一樹著『D-ブリッジ・テープ』, 1997, 913)

b. 自宅に近づく大分前から漂っていたのは、魚を焼く匂いだ。

(両国太郎著『二葉葵の花』, 2005, 913)

주체동작·객체변화 동사 vs 주체변화 동사

　주체동작·객체변화 동사는 주체의 행위와 이에 따른 객체의 변화에 동시에 초점(focus)을 맞추고 있다. 반면, 주체변화 동사는 변화 결과에만 초점이 맞추어진 동사라고 할 수 있다. 이러한 차이점으로 인하여 다음과 같은 아스펙트(aspect)의 대립이 생긴다.

〈표 3-4〉 아스펙트의 대립

동사구분	「~している」
주체동작·객체변화동사	동작의 지속
주체변화동사	변화 결과의 지속

a. 一時間肉を焼いている。(동작의 지속)

b. 家に帰っている。(변화된 결과)

또한, 주체동작·객체변화 동사와 객체변화 동사는 아래 표의 「止まる」, 「止める」 등과 같이 의미적·문법적으로 서로 대응하는 대칭 관계를 이루는 동사가 다수 존재하는 것이 특징적이다.

〈표 3-5〉 대칭관계로 이루는 동사 예시

주체동작·객체변화 동사	주체변화 동사
止める	止まる
回す	回る
集める	集まる
倒す	倒れる
消す	消える
直す	直る
壊す	壊れる
落とす	落ちる
溶かす	溶ける
割る	割れる

回す

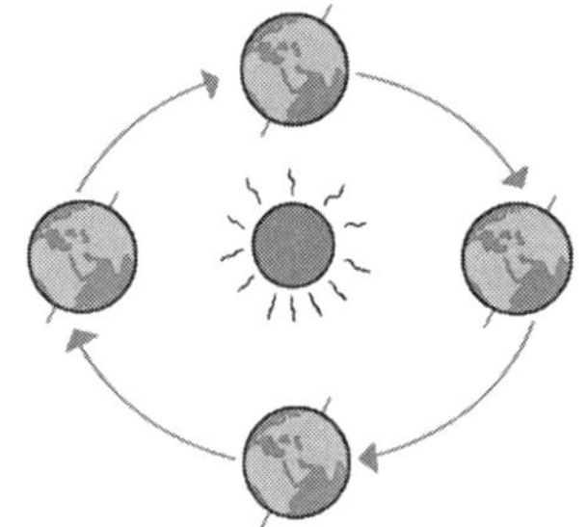

回る

「お腹を壊す。」를 사전적인 의미로 해석하면 '배를 부수다'?!

물론 한국어로 해석하면 '배에 탈이 나다'가 맞습니다.

「壊す」는 주체동작·객체변화 동사에 해당합니다. 즉 주체의 동작으로 인해 객체의 변화가 필연적으로 발생한다는 점에서 주체와 객체는 서로 연동된 인과관계를 갖습니다.

위 표현을 잘 생각해보면, 배를 아프게 한 원인에는 여러 가지가 있겠지만 무엇보다도 자신의 몸(배)을 잘 돌보지 못한 자신 즉, 주체의 책임이 가장 큰 것이라고 할 수 있습니다. 우리말로 하면 다소 어색하게 들릴 수 있겠지만 '귀책사유'를 잘 따져보면 논리적인 모순을 발견할 수 없는 올바른 표현이라고 할 수 있습니다.

壊す

壊れる

〈표 3-4〉 자기책임을 분명히 하는 병명 예시

일본어 표현	병명
風邪をひく	감기
お腹を壊す	복통
ひきつけを起こす	경련
骨を折る	골절
捻挫する	염좌

'주체변화동사' 중에서 변화의 정도가 크지 않은 동사그룹이다. 재귀동사는 동작의 결과가 주체의 외형변화에 직접적인 영향을 미치는 의미를 나타내고, 자세변화동사는 공간의 이동을 수반하지 않고 제자리에서 자세만 변화하는 의미를 나타내는 동사를 말한다.

履く

〈표 3-6〉 재귀동사 & 자세변화동사 예시

재귀동사	자세변화동사
被る	腰掛ける
着替える	しゃがむ
着る	座る
脱ぐ	立つ
履く	乗る
羽織る	起きる
はめる	寝る

座る

〈표 3-7〉 착탈동사(着脱動詞)의 명사 공기(共起)

착탈동사	공기명사
着る	服, セーター, シャツ, コート, ワンピース, 制服, スーツ, 水着
履く	靴, 靴下, 下駄, サンダル, ズボン, スカート, パンツ, 足袋, サンダル
被る	帽子, スカーフ, ヘルメット, 覆面, 兜
つける／はずす・とる	腕時計, ブローチ, イヤリング, ペンダント, ブラジャー, マスク, イヤホーン
かける／はずす・とる	眼鏡, たすき, エプロン
しめる／はずす・とる	ネクタイ, 帯, ベルト, はちまき
はめる／はずす・とる	手袋, 指輪, ブレスレット
巻く／はずす・とる	マフラー, スカーフ
する	腕時計, ブローチ, 眼鏡, ネクタイ, 手袋, マフラー

寝る

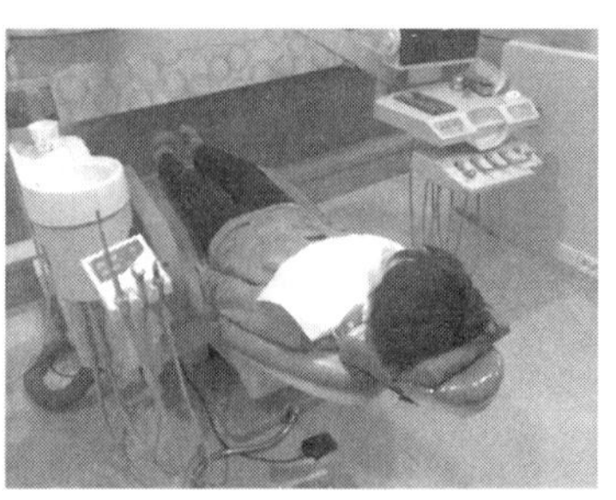

「寝てください。」는 일본 병원에 가면 진찰실에서 의사선생님에게 흔히 들을 수 있는 표현이다. 이는 수면을 취하라는 의미가 아니라 진찰을 위해서 누워있는 자세를 취하라는 의미이니, 오해해서는 안 된다. 「寝る」는 자세변화 동사인 것이다.

乗る

우리말의 '자동차 등의 운송수단에 승차하다'는 의미로 사용되는 '타다'에 해당하는 일본어로 「乗る」가 있다. 보통, '타다'를 승차 전의 장소에서 승차 후의 장소로 이동한다고 생각하여 '이동동사'로 착각하기 쉬운데, 「乗る」는 위 그림에서 확인할 수 있듯이 자세변화(승마자세) 동사에 속하니 주의하자. 대표적인 운송수단으로 일반적으로 자동차를 떠올릴 수가 있는데, 현재 우리 이미지 속의 자동차의 형태가 완성된 것이 몇백 년 전에 불과하니 인류 최초의 운송수단('말')을 일본어 「乗る」에서 유추할 수 있는 것이다.

1. '타동성'이란 무엇인가?

2. 자동사와 타동사의 차이는 무엇인가?

3. 영어의 타동성의 정의로 일본어의 자타구분이 가능한 것인가?

4. 일본어에 있어서 자동사와 타동사를 구분하는 절대적인 기준이 무엇인지 논하시오.

伝統的には、少なくとも、ヨーロッパの伝統では、他動性は、大体、次の様に定義されている(Hartmann and Stork 1972：155-56, 118, 242 ; Richards et al. 1985：198, 298 など参照)：

(5-1) 伝統的な他動性の定義

(A) 他動詞文には目的語がある。動作が主語から目的語に向かう。(更に、目的語は動作を被る、とか、他動詞文は受動文に変えることができる。など述べている場合もある。)

(B) 自動詞文には目的語がない。動作は何も、向かわない。(ちなみに、transitivity という言葉は、ラテン語のtrans '超えて、渡って' とire '行く' に由来する。)

例えば、英語では、他動詞文として挙げられているものには、次の様なものがある：

(5-2) Brutus killed Caesar. 'ブルータスがシーザーを殺した。'

(5-3) I hit him. '私は彼を殴った。'

(5-4) John saw Mary. 'ジョンがメアリを見た。' (5-5)John has many books. 'ジョンは沢山、本を持っている。'

自動詞文の例：

(5-7) He sat down. '彼は座った。'

(5-7) Kim died yesterday. 'キムが昨日死んだ。'

角田(2009：63-64)

「家を出る。」에서 목적격 조사 「を」를 사용했는데 그럼 「出る」는 타동사인가요?

　　일반적인 자동사와 타동사의 개념은 서양어의 형태적인 분류방식인 'intransition'과 'transition'에 해당합니다. 서양어에서 말하는 타동사가 사용된 타동사문과 자동사가 사용된 자동사문의 전통적인 구분은 다음과 같습니다.

1. 타동사문에는 목적어가 있다. 동작의 결과가 주어에서 목적어로 영향력을 미친다.
2. 타동사문은 수동문으로 바꿀 수 있다.
3. 자동사문에는 목적어가 없다.

Hartmann and Stork 1972, Richards et al. 1985 등 참조

　　그러나, 일본어의 경우는 이러한 서양어의 '자타(自他) 구분'이 그다지 큰 의미를 가지지 않습니다. 위 제목 「家を出る」의 경우도 목적격 조사 「を」를 사용하였지만, 「出る」는 분명히 장소의 이동을 나타내는 주체변화 동사에 해당하는 '자동사'입니다. 자동사와 타동사의 구분은 기본적으로 영어 등 서양어의 문법체계에 적합한 이론이라고 할 수 있는데, 실제로 다음 그림에서와 같이 일본어 사전에서 자동사와 타동사의 구분을 명확히 하지 않는 것이 일반적입니다.

〈그림 5-1〉 「出る」의 사전 정의 예시(大辞林第三版)

なるほど！ 수동문 「子供に死なれた。」의 의미는
'아이한테 살해되었다?'

위 문장 또한 일본어에 있어서 자타 구분의 필요성이 그다지 크지 않음을 입증하는 예라고 할 수 있다.

수동태란 다음 그림과 같이 주어와 목적어의 역할이 서로 교체되는 문법현상을 말하는데, 서양어에서는 일반적으로 '주어 + 타동사 + 목적어', 즉 'SVO'의 타동사문만이 수동태가 가능하다.

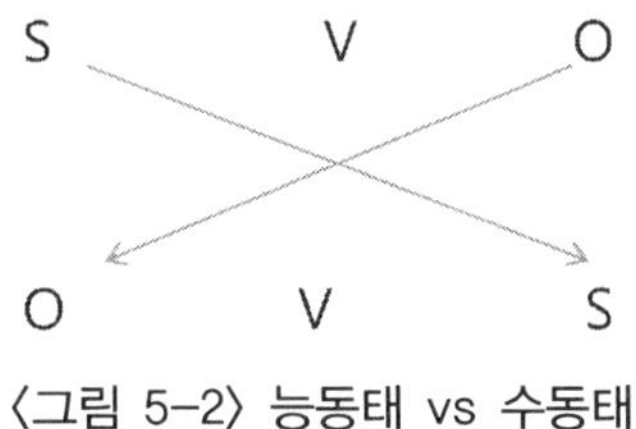

〈그림 5-2〉 능동태 vs 수동태

그러나 일본어의 경우는 다음과 같이 자동사문도 수동태가 가능한 것이다.

    a. 子供が死ぬ。(능동태)

    b. 子供に死なれる。(수동태)

    c. 子供が泣く。(능동태)

    d. 子供に泣かれる。(수동태)

위와 같은 주체동작 동사의 수동태를 간접수동(間接受身)이라고 하는데, 항상 피해의 의미(b의 경우 '아이를 먼저 보낸 부모의 정신적인 고통', d의 경우 '아이가 울어서 수면을 취하지 못함')를 동반한다.

주체동작·객체변화 동사와 주체동작 동사의 가장 큰 차이점은 주체동작·객체변화 동사가 주체의 동작으로 인한 객체의 변화를 반드시 수반하지만, 주체동작 동사는 주체의 동작에만 초점이 맞추어져 있어서 객체의 변화와 직접적인 관계가 없다.

話す

a. アイリーン、僕と話をするときは普段友だちと話すときの言葉遣いでいいよ。(仁木健著『Add』, 2004, 913)　　　－ 주체적 동사 －

b. 私はハーブのお茶を時々においをかぎながら飲んでます。(Yahoo! 知恵袋, 2005, 恋愛相談、人間関係の悩み)

－ 주체적동작 · 객체적 변화 동사 －

飲む

なるほど！

「握りずし」〇, 「つかみずし」×

嗅ぐ

「にぎる」와 「つかむ」는 펴진 손을 다물어 어떤 물건을 손에 쥔다는 비슷한 의미를 나타낸다. 그러나 「にぎる」는 물건을 손에 넣어 악력을 가함으로써 객체의 변화에까지 영향을 미치는 주체동작·객체변화 동사임에 반해, 「つかむ」는 객체의 변화에 무관심한 주체동작 동사로 손 모양의 변화만을 의미하여 객체의 변화, 즉 '샤리(シャリ)' 모양의 변화에는 영향을 주지 않는다. 따라서 「つかむ」만의 행위로는 스시에 적합한 샤리가 만들어지지 않는다.

이동의 의미를 나타내는 「行く」, 「来る」, 「歩く」, 「出る」와 같은 동사는 어느 그룹에 속하나요?

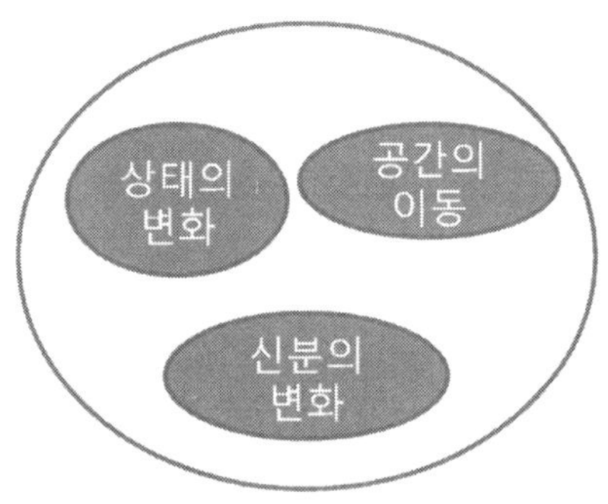

〈그림 3-6〉 광의의 변화

제목과 같은 이동의 의미를 나타내는 동사들을 '이동동사'로 따로 구분하는 경우가 일반적인데, 본서에서는 이들 동사들도 주체변화 동사로 통합하여 이해할 수 있습니다. 즉, 변화의 개념을 외적인 형태·형상의 변화로 협의의 의미로 한정하는 것이 아니라, 장소의 이동, 즉 공간적인 변화도 크게 변화의 범주 안에 넣어서 생각할 수 있습니다. 더 나아가 신분의 변화도 넓은 의미에서 변화의 한 형태로 이해할 수 있습니다.

a. 骨が折れる。 상태의 변화

b. 公園を一時間歩いた。 장소의 이동

c. 卒業してしばらく休んだ。 신분의 변화

〈표 3-8〉 광의의 주체변화 동사 예시

공간의 이동	신분의 변화
出る	就職する
飛ぶ	入学する
登る	結婚する
渡る	離婚する
過ぎる	卒業する

제2장에서 주관성이 강한 감정/감각을 나타내는 형용사문의 경우 인칭 제한이 일어난다고 하였다.

a. (私)うれしい／うれしかった。

b. 彼はうれしい／うれしかった。(？)

c. (私)お腹が痛い／痛かった。

d. 彼は頭が痛い／痛かった。(？)

소설 등의 전지적인 시점에서 관찰자가 이야기를 풀어나가는 특별한 경우가 아니면, 일반적으로 개인의 주관적인 판단에 해당하는 감정/감각을 남이 대변하는 것은 불가능하다. 감정형용사와 일맥상통하는 감정/감각 동사의 경우도 이러한 인칭제한이 있으니 주의하자.

e. (私)照れる／照れた。

f. 田中さんは照れる／照れた。(？)

g. (私)困る／困った。

h. 田中さんは困る／困った。(？)

〈표 3-9〉 감정동사 & 감각동사 예시

감정동사	감각동사
憧れる	痛む
いらいらする	感じる
うんざりする	眩む
恐れる	痺れる
感動する	疲れる
嫉妬する	どきどきする
迷う	火照る
喜ぶ	むかむかする

1. 어떤 정보가 '발화자에 가깝다'라는 의미는 무엇인가?

2. '정보의 나와바리 이론'으로 설명 가능한 문법 현상에는 어떤 것이 있는가?

3. 본 이론의 '심리적 거리'란 무엇인가?

4. 본 이론의 「内」와 「外」가 의미하는 바와 일본의 문화현상을 논할 때 일반적으로 사용하는 「内」와 「外」의 개념이 서로 상통하는 바에 대하여 논하시오.

まず理論全体の根底を成す仮定を明らかにする。

(1)話し手または聞き手と文の表わす情報との間に一次元の心理的距離が成り立つものとする。この距離は＜近＞および＜遠＞の２つの目盛りによって測定される。

仮定(1)によれば、文の表わす情報と話し手または聞き手との距離は＜近＞または＜遠＞のいずれかであり、それ以外の距離は存在しない。

次に、(1)に基いて＜情報のなわ張り＞の概念を定義する。

(2)＜Xの情報のなわ張り＞とは、(1)によりXに＜近＞とされる情報の集合である。ここで、Xは話し手または聞き手とする。

すなわち、Xに＜近＞である情報はXの＜情報のなわ張り＞に属することが出来、Xに＜遠＞である情報はXの＜情報のなわ張り＞に属することが出来ない。(2)の定義では、明快さを重んじて＜集合＞の概念を用いたが、筆者が意図しているのは、１つの心理的カテゴリーとしての＜情報のなわ張り＞である。以下に見る様に、このカテゴリーはそこに属する情報に対してある共通の性格を与える。

さて、(1)および(2)の定義から、次の様な表が成立する。これらの定義により、情報はXの情報のなわ張りに属するか否かであり、Xは話し手または聞き手のいずれかである。したがって、これらの組合せの論理的可能性は、(3)の表に示される４通りである。

(3)

		話し手のなわ張り	
		内	外
聞き手のなわ張り	外	A	D
	内	B	C

神尾(1990：21-22)

움직임 또는 변화를 동반하는 '주체동작·객체변화 동사', '주체동작 동사', '주체변화 동사' 등에 속하는 동사들은 모두 동사 자체가 지니는 의미, 즉 행위의 실현을 위하여 필요로 하는 '미시적인 양적 시간'을 지니고 있다. 따라서 이러한 동사들은 아스펙트(aspect) 표현을 동반할 수 있으며 행위의 실현 국면에 따른 시간적 구분이 큰 의미를 가진다.

아스펙트를 나타내는 표현 중에서 대표적인 「ている」는 크게 '동작의 진행'과 '변화된 결과의 지속'이라는 두 가지 의미를 나타낼 수 있는데, 동작성이 희박한 정태동사의 경우 일반적으로 '동작의 진행'을 나타내는 「ている」는 사용할 수 없다. 그러나 정태동사가 「ている」에 접속된 형태로 사용되었다면 '변화된 결과의 지속'만을 의미하게 되는 것이다. 따라서 정태동사는 '동작의 진행'을 나타내는 「ている」를 사용할 수 없는 동사와 「ている」를 항상 동반하여 '변화된 결과'만을 나타내는 두 가지 경우로 나눌 수 있는 것이다.

〈표 3-10〉 정태동사 예시

「ている」불가	언제나 「ている」
ある	優（すぐ）れる
要（い）る	そびえる
できる	にる
~すぎる	凝（こ）る
あたる	面（めん）している

「私には兄がある。」은 문법적으로 틀린 문장입니까?

　일본어는 생물과 무생물을 언어적으로 구별하는 데에 있어서 엄격한 기준을 갖추고 있습니다. 존재사「ある」「いる」는 문법적으로 생물의 존재와 무생물의 존재를 엄격히 구별하는 기능을 합니다. 위 문장도「兄」의 존재를 의미하는 것이라면 문법적으로 틀린 문장이 되지만, 여기에서 사용된「ある」는 존재사로서 사용된 것이 아니라 소유의 의미를 나타내고 있습니다. 즉,「ある」는 가족관계에 있어서 소유관계를 나타낼 수 있습니다.

　반대로, 애니메이션 등에 등장하는 캐릭터 상품은 당연히 인간의 소유물인 무생물이므로「ある」가 사용되어야 하지만, 생물의 존재를 나타내는「いる」가 사용되는 경우가 종종 있는데, 의인화의 일종으로 생각 할 수 있습니다.

a. ドラえもんが<u>いる</u>。

b. プー<u>さん</u>と友達となった。

c. キティ<u>ちゃん</u>が大好き！

제 4 장

보이는 오노마토페

일본어의 오노마토페(オノマトペ)는 프랑스어의 'onomatopée'에서 차용된 외래어로 영어로는 'onomatopoeia'라고 부른다. 모두 라틴어 'onomatopoiia'(onoma("name") + poiein("to make"))에서 유래하며 일반적으로 소리를 모방하여 사물, 동작을 명명(命名)하거나, 또는 이렇게 만들어진 단어를 말한다.

일본어 전체의 부사 문법카테고리 안에서의 위치는 다음 그림에서와 같이 양태부사의 일부를 차지한다.

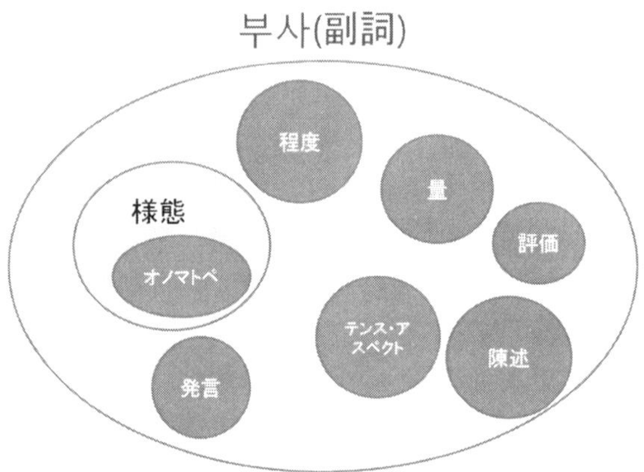

〈그림 4-1〉 오노마토페의 위치

〈표 4-1〉 부사구분 예시

様態	程度	量	テンス・アスペクト	陳述	評価	発言
黙々と	大変	たくさん	かつて	ぜひ	当然	実は
軽々と	とても	いっぱい	もうすぐ	いったい	あいにく	言わば
思わず	非常に	たっぷり	のちほど	はたして	さいわい	例えば
ワンワン	極めて	ちょっと	すでに	どうか	もちろん	要は
コロコロ	ずいぶん	多少	もう	おそらく	むろん	概して
いらいら	かなり	相当	徐々に	なんと	偶然	総じて
チン	けっこう	少し	ますます	もし	たまたま	

그러나, 일반 양태부사와는 달리 일본어의 오노마토페는 동물, 인간의 소리를 직접적으로 흉내 내거나, 혹은 사물의 상태, 동작 등을 상징적으로 문자로 표기한 것을 말한다.

예를 들어, 동물의 울음소리, 인간의 목소리 등의 의성어(ex.「わんわん」), 자연계의 소리를 흉내 내서 만들어진 의음어(ex.「しとしと」), 사물의 상태, 동작 등을 상징적으로 표현한 의태어(ex.「よちよち」)와 인간의 심리상태 등을 묘사한 의정어(ex.「わくわく」)가 여기에 포함된다.

일본어에는 이러한 의성어·의태어 등의 오노마토페가 특히 많이 존재하는 것으로 유명한데, 다른 언어에 비해 음절수가 비교적 많지 않은 일본어가 오노마토페의 어휘 생산성(vocabulary productivity)에 의존하여 다량의 어휘를 만들어내고 있는 것이라고 할 수 있다.

わいわい

おいおい

〈표 4-2〉 오노마토페 구분 및 예시

구분	상세	설명	예시
의음 오노마토페	의성어	인간 및 동물의 소리를 나타내는 것	わんわん、こけこっこー、げらげら、ぺちゃくちゃ
	의음어	자연계의 소리를 나타내는 것	ざあざあ、がちゃん、ごろごろ、どんどん
의태 오노마토페	의태어	무생물의 상태를 나타내는 것	きらきら、さらさら、つるつる、ぐちゃぐちゃ
	의정어	인간의 심리 상태 및 감정, 감각을 나타내는 것	いらいら、うっとり、ずきずき、しんみり

만화 속 오노마토페

　일본어 오노마토페의 어휘 생산성과 다양성을 실감할 수 있는 것이 바로 만화의 세계이다. 만화 속에는 수많은 오노마토페가 자주 등장하는데, 오노마토페의 특징을 최대한으로 살린 사용 방식의 독특함은 일본의 만화를 한층 더 생동감 넘치게 만드는 중요 요소이다.

　예를 들어 '큰 소리나 과격한 감정'을 나타내고자 할 때는 오노마토페를 크고 두꺼운 문자로 표현하거나, 반대로 '조용하고 절제됨이 요구되는 장면'에서는 작고 섬세하게 그려, 오노마토페를 이용하여 등장인물이 처한 상황이나 감정을 보다 생생하게 이미지화하여 표현한다. 문자언어이면서 동시에 소리와 상태를 직감적으로 반영하고 있는 일본어 오노마토페의 독특한 활용방식이라고 할 수 있다.

큰소리　　　　　작은소리　　　　　흥분감

실제행동　　　　　절제된 감정

〈그림 4-2〉 만화속 오노마토페 예시

언어에 따라 '개소리'가 다르나요?

언어학자 소쉬르(Saussure, Ferdinand De, 1857~1913)는 언어기호가 지시하는 것(signifier)과 지시받는 것(signified) 사이의 관계가 자의적(arbitraire)이라고 하였지만, 오노마토페(オノマトペ)를 통해서 이들 사이의 연관성을 발견할 수 있습니다.

특히 의성어는 언어표시와 지시대상 사이의 밀접한 연관관계를 잘 보여주는 것 중의 하나라고 할 수 있습니다. 예를 들어 동물의 울음소리와 언어적인 표시 사이의 관계가 자의적이라고 생각하기는 어렵습니다. 물론, 언어마다 서로 다른 음운체계의 차이로 인하여 이를 표시하는 방식이 다소 달라 보이지만, 이들을 전혀 다른 것으로 간주하기는 힘듭니다. 실제로 한국어의 병아리 울음소리는 [삐약삐약], 일본어는 「ピヨピヨ」인데, 한국어 및 일본어와 언어계통론적으로 전혀 관계가 없는 프랑스어는 [piaule]라고 합니다. 한국어, 일본어, 프랑스어의 음운체계가 서로 다르지만 비슷한 언어적 표시를 나타내고 있다는 것을 알 수 있습니다.

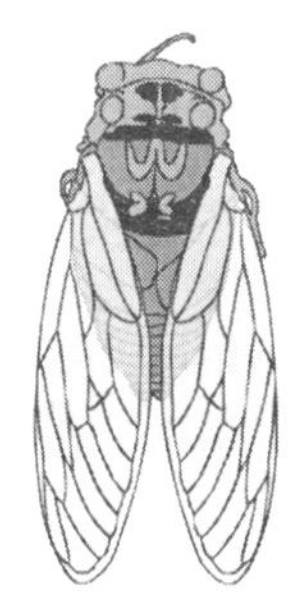

みんみん

かーかー

モー

〈표 4-3〉 일본어 동물의 의성어 예시

동물	소리	동물	소리
アヒル	ガーガー	雀 (すずめ)	チチチ
犬 (いぬ)	ワンワン、 キャンキャン(강아지)、 ウーッ	鳥 (とり)	チュンチュン
ウグイス	ホーホケキョ	鶏 (おんどり)	コケコッコー
牛 (うし)	モー	鶏 (めんどり)	コッ、 コッ。クッ、 クッ
馬(발소리) (うま)	パカパカ	猫 (ねこ)	ニャーニャー
蛙 (かえる)	ケロケロ	ネズミ	チュウチュウ
カッコウ	カッコー	蜂 (はち)	ぶーん
カラス	カーカー	ハト	クー
猿 (さる)	キーキー	ヒヨコ	ピヨピヨ
鈴虫 (すずむし)	リンリン	フクロウ	ホーホー
豚 (ぶた)	ブーブー	羊 (ひつじ)	メエメエ

오노마토페의 친숙성으로 인하여 일본인의 일상생활 속에 깊게 파고 든 것 중dml 하나가 오노마토페 상품명이다. 이중에서 현재는 사전에까지 등장할 정도로 확고한 '언어 시민권'을 얻어낸 것이 '전자레인지'이다.

a. レンジで<u>チン</u>するだけ！(선전문구)

a는 원래 전자레인지를 이용하여 간편하게 만들어지는 냉동식품을 선전하기 위한 냉동식품업체의 선전문구였는데, 이를 계기로 급속도로 일반 가정에 보급되기 시작한 전자레인지 자체를 칭하는 상품명(「チン」)으로 정착된 것이다.

이밖에 오노마토페가 상품명으로 정착된 것을 소개하면 다음과 같다.

〈표 4-4〉 오노마토페 상품명 예시

식품명	가정용품 및 도구	전자제품
ポッキー	チョイソル	TUTU
パックンチョ	ハピカポイ	クるリーナ じゅうじゅう
ポポリ	ゴン	ふっくら美人
パクッキー	おそうじパコ	ミンミン
サクッチョコーン	ズバピタ	サラピッカ
ぽたぽた焼	チョッキン	POKA POKA
ぷちっ子	ごり・ごり	TWIN
ぷるるちゃん	ピチット	ポッカレット
パッ缶	ハイサッサ	オスピカ
	ホッカイロ	ピカッシュ
ほくほく米	すーすーこっとん	くるくる

ガンガン食べても太らない

第1位
連続
トレンドの
チュふわ眉に
Peinashu!
Nail Care Color
するっ
新処方！
お湯で落とせる
フィルム型ネイル

かっさ
Blau
泡カラー
liese
Prettia
泡カラー
liese
Prettia
泡カラー
50
50
50

138
148
138
148
ノンシュガー
フルーツ味のど飴
すっきりのど飴
のど飴
ZERO
189
204
20
189
204
20

水だけで
まるごと
ピカピカ
お フロ掃除
これ1枚
うす型で2ツ折りできる

水切り袋
三角コーナー用
水切り袋
「ワリフ」100％だから
水切れの良さが違います
こみっこ
ポイ
こみっこ
ポイ
水切りネット
サッ
水切りネット 40
排水口用

다음 오노마토페에서 예상할 수 있는 공통적인 의미는?
「ごろごろ」, 「ひらひら」, 「ぶるぶる」

일본어 오노마토페의 특징 중의 하나가 반복형이 자주 눈에 띈다는 것입니다. 이는 오노마토페가 실제 소리나 동작을 흉내 내서 만든 것이므로 다음의 예와 같이 오노마토페의 어휘 구성에 있어서 이를 반영한 것이라고 할 수 있습니다.

a. その音は、雷がゴロゴロ鳴るみたいに、遠くまで聞こえるんだ。(トンケ・ドラフト作; 西村由美訳『王への手紙』, 2005, 949)

b. 富くじがひらひら舞う。(峰隆一郎著『富札を斬る』, 2001, 913)

c. 全身がブルブル震えていました。(内田礼子著『一女優の歩み』, 1993, 772)

a, b, c의 '번개의 소리', '종이가 하늘에서 바람을 타고 떨어지는 모양', '몸이 경련하는 모습' 등은 여러 번 반복되는 소리/동작을 오노마토페를 사용하여 구체적으로 묘사하고 있는 것입니다.

이외에도 실제 소리나 동작이 오노마토페의 형태에 반영된 것에는 다음과 같은 것들이 있습니다.

〈표 4-5〉 오노마토페 예시

소리/모양	형태	예
급격한 종결	촉음(「っ」)	ころっ、さくっ、すぱっ、ぶすっ、ばさっ、ぺろっ、ちくっ、するっ、つるっ、びしっ、ぱしっ
물소리	양순폐쇄음 (両唇閉鎖音) 마찰음(粗擦音)	ばちゃばちゃ、びちゃびちゃ、ちゃぶちゃぶ、じゃぶじゃぶ、ぱちゃん、しゃぶしゃぶ、ざぶん、ざぶん
소리의 공명	발음(「ん」)	がたん、がんがん、ぐらん、ごーん、どすん、どーん、ばたん、

「ごろごろ」「ころころ」

「がんがん」

「かんかん」

오노마토페에는 「とんとん」／「どんどん」, 「きらきら」／「ぎらぎら」 등과 같이 유성음(탁음)과 무성음(청음)이 대립되는 경우가 있다.

> a. ［とんとん／どんどん］ドアを叩く。
>
> b. ［かんかん／がんがん］鐘を鳴らす。

a, b와 같이 소리를 직접 흉내 내어 만든 의음 오노마토페의 경우, 소리의 울림, 느낌 등 대조되는 뉘앙스의 차이에서 어느 정도 그 의미를 유추할 수 있는데, a, b에서 모두 탁음이 청음에 비해 소리가 둔탁하고 크다는 것을 알 수 있다.

다음과 같은 의태 오노마토페의 경우도 청탁의 대립은 다양한 뉘앙스의 차이를 만들어 낸다.

> c. ［ころころ／ごろごろ］坂を転がり落ちる。
>
> d. ［ぱさぱさ／ばさばさ］羽ばたく。

c의 경우, 「ころころ」가 가벼운 물체, 「ごろごろ」는 이에 비해 무거운 물체가 굴러내려오는 모양을, d의 경우, 「ぱさぱさ」로 작은 날갯짓을 「ばさばさ」로 큰 날갯짓을 떠올릴 수 있는 것이다.

> e. ［たらたら／だらだら］汗をかく。
>
> f. ［ぷりぷり／ぶりぶり］怒る。

또한, 청탁의 대립은 양적인 차이를 만들어 내기도 하는데, e의 「だらだら」는 「たらたら」보다 많은 양의 땀을, f의 「ぶりぶり」는 「ぷりぷり」보다 화를 내는 정도가 심함을 나타내는 것이다.

1. 일본어 오노마토페의 특징은 무엇인가?

2. 서양어의 오노마토페와 일본어의 오노마토페의 차이점은 무엇인가?

3. 오노마토페의 청탁 대립에 대하여 논하시오.

4. 일상생활에서 사용된 오노마토페를 찾아보시오.

「さくっと」「めっちゃ」は今度出る新しい広辞苑に収録されるが、このような擬音語や擬態語をフランス語で「オノマトペ」という。日本語はそれがやたら多いことで有名だ。何しろ外国語まで「ラブラブ」などと擬態語にするから日本人のオノマトペ好き恐るべしだ▲「暮らしのことば/擬音・擬態語辞典」(講談社)で「さらさら」を引くと(1)軽い物が触れ合ったり、水が浅いところを流れたりする音(2)動きや行動が軽快な様子(3)性格が陰湿でなく、さっぱりしている様子

(4)物に粘り気や湿り気がない様子――という四つの語釈が並べられている▲これは古くから使われている順で、実際の音の表現から物事の様子を示すようになってきたのが分かる。欧米の言葉には擬音語はあっても、様子を示す擬態語にあたる語が乏しいという。ちなみに「さらさら」が(4)の意味で使われるのは明治以降だ▲「身につけるとあなたの血がさらさらになる」とのふれこみで、金属ブレスレットを売りつけていた健康器具販売会社の社長ら7人が詐欺容疑で逮捕された。ブレスレットの装着で血液の粘り気が減ったように見せる偽装捜査でお客をだまし、途方もなく代金を受け取っていた疑いだ▲「どろどろ」と「さらさら」なら、何となく「どろどろ」は避けたいのが日本人のオノマトペ感覚である。だが岡田正彦新潟大教授は本紙の取材でそもそも「血液の粘度と生活習慣病の関係は未解明」と話し、顕微鏡で見た「血液さらさら」＝健康イメージの独り歩きを警告している▲詐欺師らがつけこんだのは、「ブレスレット」をつけるだけで健康になる」というちょっと虫のいい観望である。生活習慣病対策は自分の状態を「きっちり」把握し、「じっくり」と取り組むことだ。

余禄(毎日新聞)2007年11月7日

제5장
보이는 조수사

조수사(助数詞)란 숫자 뒤에 붙어서 숫자의 의미를 보조해주는 역할을 하는 접미사를 말하는데, '단위사(単位辞)', '단위명사(単位名詞)', '유별사(類別詞)' 등 다양한 명칭이 존재한다.

조수사가 수행하는 역할, 즉 기능적인 측면보다는 각각의 의미적인 측면을 부각시켜서 명사의 일종으로 취급하여 단위명사라고 부르거나, 반드시 숫자와 함께 사용해야 하므로 수사의 일종으로 격하시켜서 단위사(単位辞)로 부르는 경우도 있다. 또한, 사물의 종류를 구체적으로 분류하거나 사물의 형상을 명확하게 구분한다는 기능적인 측면과 의미적인 측면을 동시에 살려 유별사(classifier)로 부르기도 한다.

본서는 기능적인 측면과 의미적인 측면을 동시에 강조한 유별사의 개념에 가까운 입장이지만, 전통적인 일본어학의 세계에서 일반적으로 자주 사용하는 조수사라는 명칭을 사용한다. 일본어의 조수사는 약 500여 개 이상이 존재하고 매우 다양한 것으로도 유명한데, 다음 그림과 같이 조수사를 통하여 1장에서 분류한 명사 분류를 더욱 더 세분 할 수 있는 것이다.

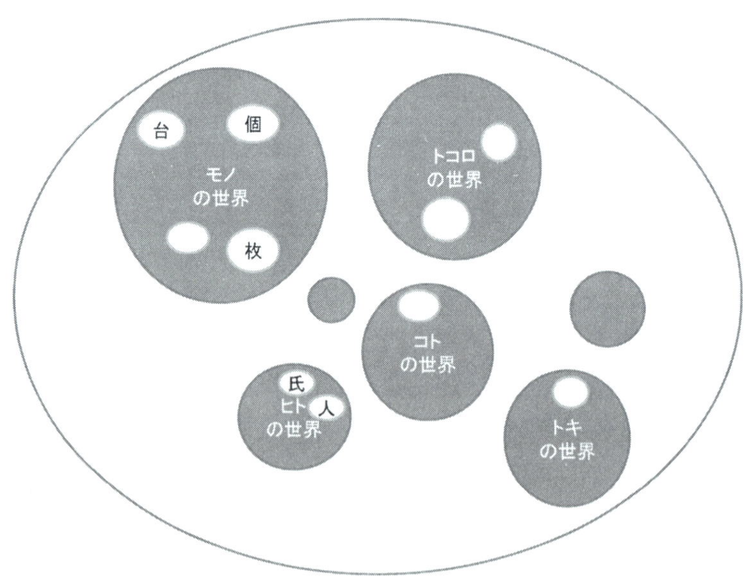

〈그림 5-3〉 조수사 개념도

〈그림 5-4〉 폭소 숫자세기 군단게임 예시

한때 일본의 일요일 저녁을 웃음으로 수놓은 '후지테레비(フジテレビ)'의 인기 프로그램, '폭소 숫자세기 군단(「爆走数取団」)'이라고 하는 조수사를 활용한 재미있는 게임코너가 있었다. 당시 최고의 인기 연예인들의 출현으로도 큰 화제를 모았을 뿐 아니라, 일본어 조수사의 기능과 역할을 일반인들에게 일깨워주는 것만으로도 상당히 교육적인 프로그램이었다.

게임의 룰은 간단하다. 위 그림에서와 같이 출연자들이 원을 만들어서 돌아가며 순서대로 숫자를 하나씩 늘려 세어가는 게임인데, 이때 바로 전 출연자에게서 주어지는 명사에 대하여 알맞은 조수사를 정확히 선택하지 않으면 가혹한 스모선수와의 격투 벌칙게임이 시작되는 것이다.

수년동안 방영된 이 게임을 통하여 등장한 조수사가 백여 개에 달하며 이와 연동된 명사의 개수 또한 수백여 개에 이르렀다. 1장에서 시도한 '사람', '사물', '시공간', '동식물', '바디파츠' 등의 명사의 분류를 더욱 더 세분하는 조수사의 기능을 활용한 기발한 아이디어의 프로그램이었다.

生ビール一杯

鮭一切れ

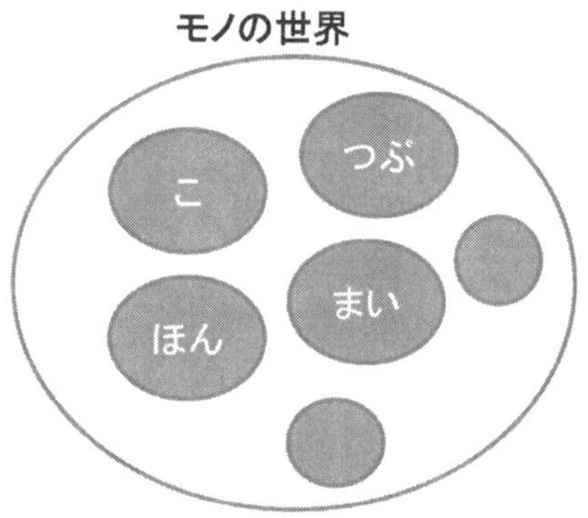

〈그림 5-5〉 물건의 세계 개념도

대표적인 개방부류 단어(open-class word) 그룹의 하나이다. 지금까지 생성된 사물의 개수를 모두 세는 것은 불가능하다. 지금 이 시간에도 새로운 물건이 만들어지고 있고, 앞으로도 끊임없이 추가될 것들의 명칭을 예상하는 것도 불가능한 일이다. 그러나 다음과 같이 조수사를 통하여 이들 단어들을 그룹핑(grouping)해 보는 것이 가능하다.

〈표 5-1〉 물건을 세는 조수사 예시

조수사	쓰임
個	그다지 크지 않은 물건
粒	둥글고 작은 물건
本	가늘고 기다란 물건
枚	얇고 넓은 물건
点	전시품 등
杯	용기에 들어간 음식물 등
機	비행기 등의 탈 것
皿	접시 등에 올린 요리
丁	소바 우동 라면 등
隻	대형 배 등
切	얇게 자른 먹을 것(햄, 빵 등)
台	자동차 자전거 등의 탈것

なるほど! 「着物(きもの)」와 「浴衣(ゆかた)」의 세는 방식이 왜 다른가요?

　같은 일본의 전통의상이라고 할지라도 모양에 따라서 세는 방식이 다르니 주의해야 합니다.

　「浴衣(ゆかた)」는 아래 그림과 같이 한 벌의 완성된 기성복이므로 「着(ちゃく)」로 셉니다.

〈그림 5-6〉 유카타

　그러나, 「着物(きもの)」는 사람이 입었을 때 「浴衣(ゆかた)」와 크게 달라 보이지 않지만, 이를 펼쳐놓았을 때는 다음 그림과 같이 한 장의 천의 형태를 취하고 있으므로 「枚(まい)」로 세어야 하는 것입니다.

〈그림 5-7〉 기모노

　즉, 같은 종류의 물건이라 할지라도 인간이 인지하는 실제 형태와 모양에 따라서 사용되는 조수사가 달라지는 것입니다.

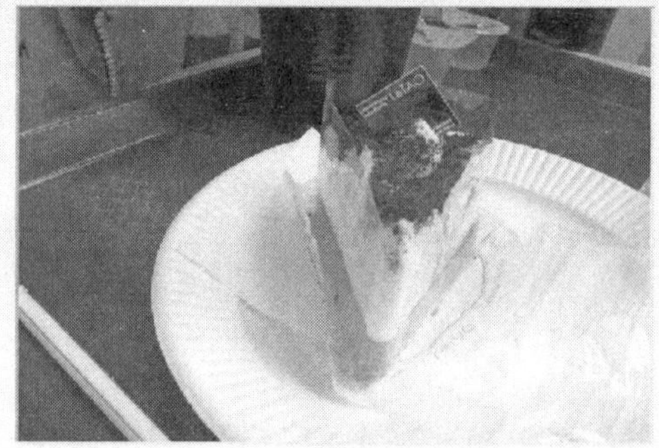

1ピース

ケーキ一台（だい）

ふた切れ（き）

パウンドケーキ一本（ぼん）

〈그림 5-8〉 케이크를 세는 다양한 조수사들

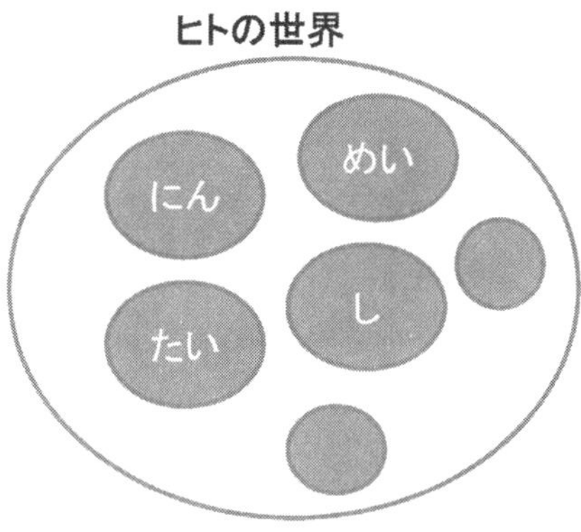

〈그림 5-9〉 사람의 세계 개념도

　서양어가 제한된 개수의 인칭대명사를 사용하는데 반해 일본어의 인칭대명사는 상당수 존재하는데, 이들을 구분해주는 조수사 또한 다양하다.

〈표 5-2〉 사람을 세는 조수사 예시

人(にん), 名(めい)	사람을 세는 일반적인 방식
氏(し), 方(かた)	사람의 존경형
体(たい)	시체를 세는 방식
軀(く), 頭(かしら), 座(ざ)	불상
位(い)	죽은 자의 영혼
柱(はしら)	위골

金目鯛一尾

イカ一杯

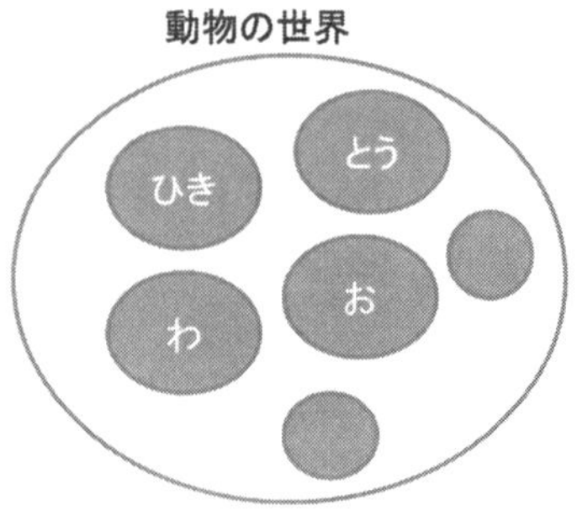

〈표 5-3〉 동물을 세는 조수사 예시

匹	동물 일반, 비교적 작은 동물을 셀 때 사용
頭	사자 호랑이 등 비교적 큰 동물을 셀 때 사용
羽	새, 토끼 등 가축에 사용
尾	물고기, 새우 등 어류에 사용
杯	오징어, 낙지 등 연체 어류에 사용

「植物」의 세계

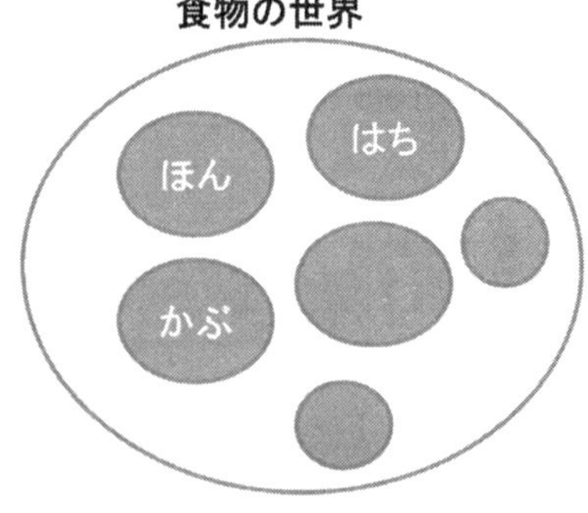

〈표 5-4〉 식물을 세는 조수사 예시

本	식물 일반을 셀 때 사용
鉢	화분에 심어진 식물을 셀 때 사용
株	뿌리가 땅에 박힌 나무를 셀 때 사용

人魚は「一人」？それとも「一匹」？

1. 만화 속 주인공 도라에몽을 셀 때 어떤 조수사를 사용해야 하는가?

2. 생물체를 셀 때 작용하는 언어 메커니즘은 무엇인가?

3. 동물을 세는 다른 조수사를 나열해보고 각각의 쓰임에 대하여 생각해보자.

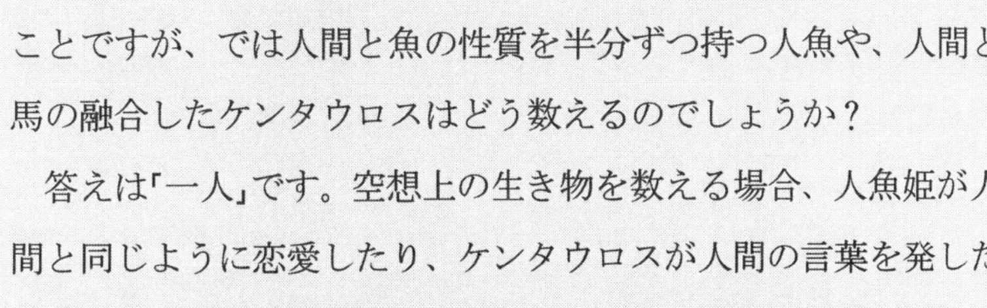

人間は「人」、動物は「匹」で数える、というのは言うまでもないことですが、では人間と魚の性質を半分ずつ持つ人魚や、人間と馬の融合したケンタウロスはどう数えるのでしょうか？

答えは「一人」です。空想上の生き物を数える場合、人魚姫が人間と同じように恋愛したり、ケンタウロスが人間の言葉を発したりすると、私達は自分達と"同類"だと捉え、動物的な面を持っている空想上の生き物でも「一人」と数えます。

それに加え、空想上の生き物が人間にとってどういう存在か、ということも数え方に影響します。例えば、おとぎ話を読んでいるとしばしば鬼が出てきますが、暴れて人間を困らせる場面では「一匹」で数えられ、心を入れ替えて人間的な性格を持つと「一人」で数えられる傾向があります。これは、「悪魔一匹」に対して、「天使一人」と数えることからも確かめられます。ひと口に空想上の生き物といっても、人間にとってより友好的な存在ほど「一人」で数えやすくなります。

飯田(2013 : 36)

人魚姫
（にんぎょひめ）

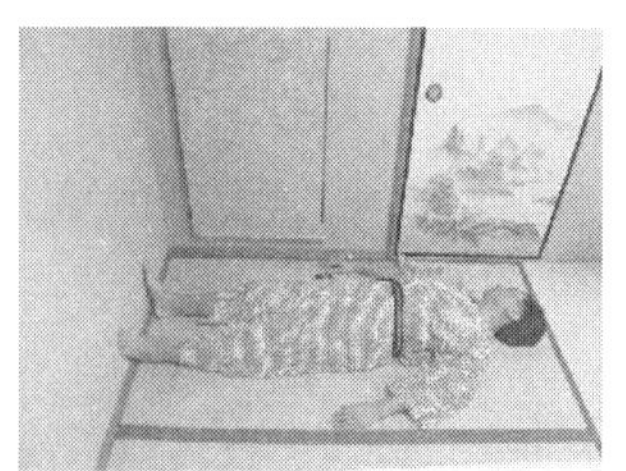
一畳
いちじょう

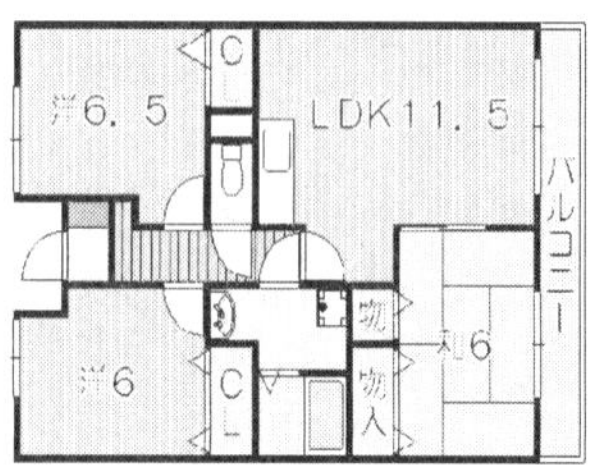
間取り図
まどりず
-3LDK-

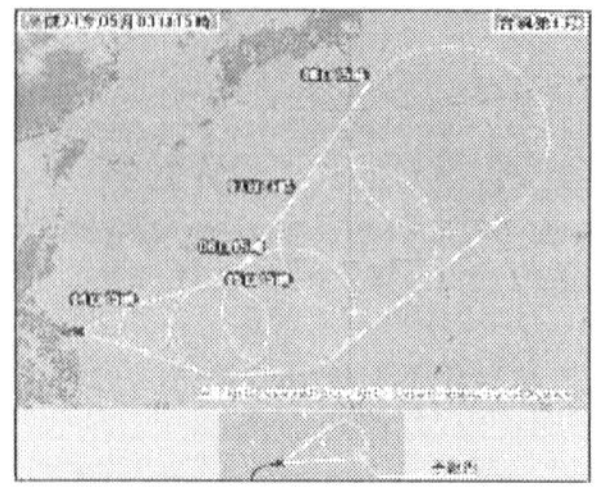
台風第一号
たいふうだいいちごう

時空間の世界

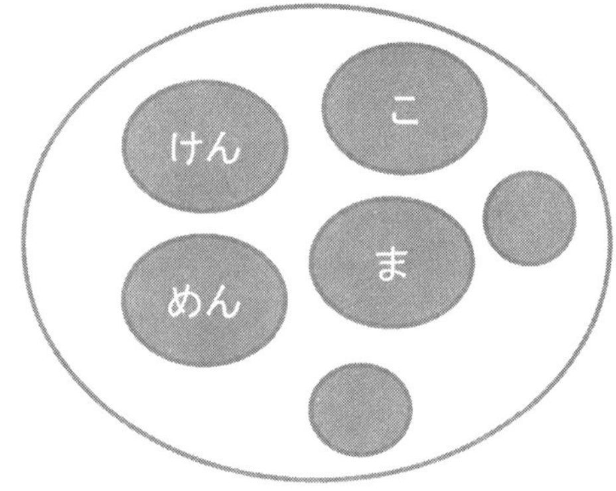

〈표 5-5〉 시간과 공간을 세는 조수사 예시

軒 (けん)	집, 점포 등을 셀 때
戸 (こ)	사람이 사는 가옥 등을 셀 때
棟 (むね(とう))	아파트, 학교 등 대형의 건물을 셀 때
堂 (どう)	성당, 교회 등을 셀때
宇 (う)	사원 등을 셀 때
基 (き)	비석, 탑, 토리이(鳥居) 등을 셀 때
面 (めん)	테니스 코트, 수영장 등 개방감 있는 시설 등을 셀 때
階 (かい)	건물의 층수를 셀 때
室 (しつ)	객실 수 등을 셀 때
間 (ま)	방 등의 개수를 셀 때
畳 (じょう)	일본식 다다미방의 크기를 셀 때

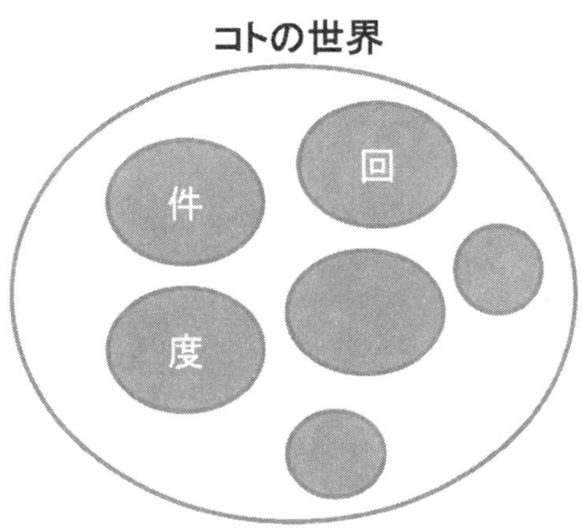

〈표 5-6〉 사건 사태를 세는 조수사 예시

つ	1~9까지의 일본 고유숫자에 붙어서 연령을 셀 때
ほん 本	개봉된 영화의 개수를 셀 때
けん 件	사건, 사태, 사고, 정보 등의 건수를 셀 때
かい ど へん 回, 度, 遍	횟수
ごう 号	잡지, 호수, 및 태풍의 순서 등
い 位	순위
ちゃく 着	도착 순서를 셀 때
きょく 局	장기, 바둑 등의 대국

제 6 장

보이는 조사

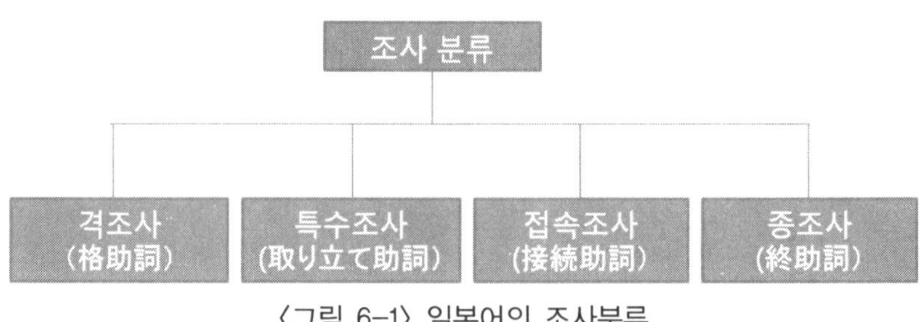

〈그림 6-1〉 일본어의 조사분류

　　일본어의 조사는 명사 단위의 단어(「語」)와 단어(「語」), 또는 문장 단위의 절(「節」)과 절(「節」)을 연결하여 문법적인 관계를 형성하는 기능어 (function words)를 말한다. 일본어의 경우, 일반적으로 위 그림과 같이 크게 4분류하는 것이 일반적인데, 격조사와 특수조사는 단어와 단어사이의 관계를 나타내고, 접속조사와 종조사는 절과 절을 연결하여 문장 사이의 다양한 관계를 나타낸다.

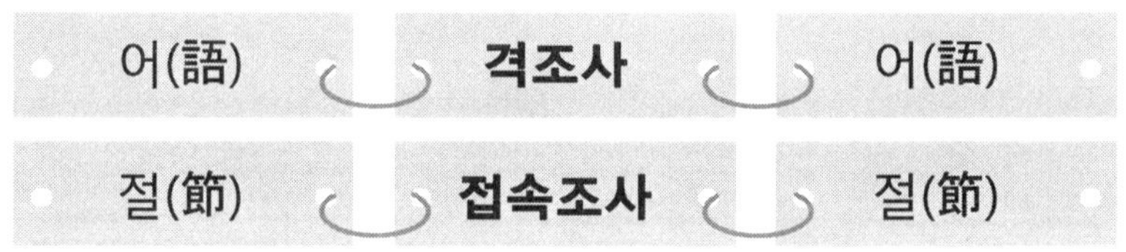

〈그림 6-2〉 격조사 및 접속사의 역할 개념도

a. 徹夜して本を読みました。(격조사)

b. 山田さんはフランス語が上手です。(특수조사)

c. 雨が降ったので運動会が中止になりました。(접속조사)

d. 今日はいい天気ですね。(종조사)

格助詞の階層性

1. 문법격 조사를 나열하시오.

2. 격조사 「二」의 의미/기능에 대하여 설명하시오.

3. 일본어 격조사의 계층성에 대하여 구체적인 격조사를 사용하여 설명하시오.

日本語の主格(ガ格)と対格(ヲ格)は，他の格より優位にあり，さらに，主格は対格より優位にあることが，以下に示すような、形態ならびに統語上の特徴によって確認される．

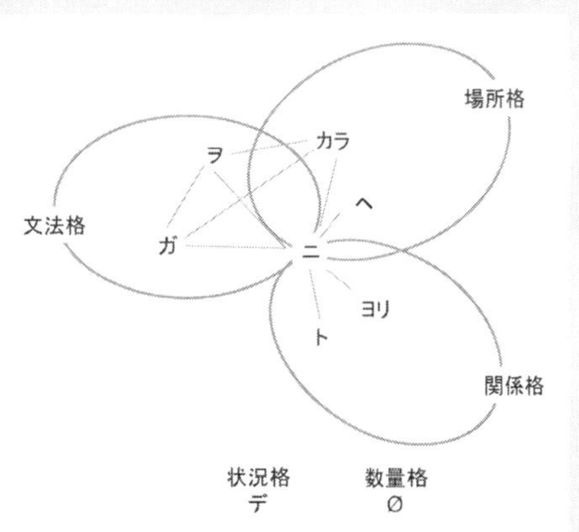

構文のかなめとなり，主語や目的語の機能をはたす文法格として，「ガ／ヲ／ニ(与格)」があり、他の格形式よりも優位にある．この文法格をとりまくかたちで，広義の場所格としての「ニ(位格)／カラ／ヘ」と，基準・異同・対称・比較などの抽象的な関係をあらわす関係格としての「ニ(依拠格)／ト／ヨリ」がある．この他に，多くは副詞相当句をつくる状況格としてのデと数量格のØ(1時間、3キロ、…)があり，・・・中略・・・

格助辞「ニ」は、文法格、場所格、関係格の三つのグループにまたがる位置を占める．「弟ニわたす／あたえる／話す」は文法格(与格)の，「東京ニいる／住む／のこる」は場所格(位格)の，「叔父にあたる／似る／頼る」は関係格(依拠格)の，それぞれの例である．

場所格のグループは，同一の文の中で共起している文法格のメンバー，とくに主格と対格の名詞の，広義の場所(静的場所・起点・着点)を規定する．一方，関係格のグループは，同一の文の中で共起している文法格のメンバー，とくに主格と対格の名詞の，抽象的論理的なかかわりを規定する．

仁田(2000：79−80)

_{しか}
叱る

동사의 어간 + (r)areru : 동사의 수동형

동사의 어간 + (s)aseru : 동사의 사역형

　동사에 접속하는 조동사의 종류에 따라서 서술어와 문법적인 관계를 맺고 있는 주어, 목적어 등의 격(格) 관계가 규칙적으로 변화하는 경우가 있는데, 이와 관련된 문법현상을 '보이스'(voice)라고 한다. 대표적인 것으로 다음 예와 같은 능동태와 수동태의 대응관계가 있다.

　　a. 母が子供を叱る。(능동태)

　위 문장은 전체문장의 실제 의미에 큰 변화를 주지 않으면서 다음과 같이 주어와 목적어의 문법 관계를 바꿀 수 있다.

　　b. 子供が母に叱られる。(수동태)

　a, b는 거의 동등한 의미를 전달한다. 즉, a, b 모두 '혼을 내는(「叱る」)' 동작주는 '어머니(「母」)'이고 대상은 '아이(「子供」)'인데, 이러한 전체문장의 의미를 변화시키지 않으면서 문법관계(주어 → 목적어, 목적어 → 주어)만이 변경된 것이다. 즉, 부각(focus)되는 대상(a는 「母」, b는 子供)만 교체된 것으로 거의 동등한 의미를 전달하는 것이다. 이때 긴밀하게 관여하는 것이 바로 「が」, 「を」, 「に」 등의 문법격(文法格)이다. 실질적인 의미를 나타내는 다음의 의미격(意味格) 조사에 대해, 문장의 심층구조에 깊이 관여하는 문법격 조사의 역할을 확인할 수 있는 문법현상 중의 하나가 바로 능동태와 수동태로 대표되는 보이스현상인 것이다.

「が」, 「を」, 「に」 등 문장의 심층구조에 깊이 관여하는 문법격조사와 달리, 「に」, 「で」, 「から」, 「まで」, 「へ」 등의 의미격조사는 각각의 구체적인 의미를 전달한다. 이를 전형적인(prototype) 이미지로 시각화하면 다음과 같다.

地酒

〈표 6-1〉 의미격 조사의 프로토타입(prototype) 이미지

의미격조사	이미지	예문
に	に → • <着点>	a. 本を机の上に置く。 b. 映画館に行く。 c. 大学生になる。
で	で → <領域>	d. 公園で遊ぶ。 e. 地震で家が倒れる。 f. 紙で飛行機を作る。
から	から • →→→ <起点>	g. 10時から寝る。 h. 日本から帰る。 i. 米から酒を造る。
まで	まで →→→ | -経路- <限界点>	j. 5時まで働く。 k. 博多まで電車で行く。 l. 親友まで裏切る。
へ	へ →→→ -経路- <方向>	m. 神戸へ行く。 n. 南へ向かう。

倒れる

杉本 泰(2006) 참고

'버스를 타다', '여자친구를 만나다'와 같이 우리나라말과 격조사의 미스매칭 현상이 발생하여 일본어에서 혼동할 수 있다. 그러나 a, b의 일본어의 의미격조사 「に」의 사용에 있어서도 다음의 프로토타입 이미지가 확장된 것으로 이해할 수 있다.

タクシー乗り場

バス乗り場

に

<着点>

〈그림 6-3〉 의미격 「に」의 프로토타입 이미지

즉, a 는 '버스'를 이동의 도착점으로, b는 만나는 대상에 대한 시각적 접착점으로 각각 프로토타입 이미지가 확장된 것으로 연속적으로 이해할 수 있는 것이다.

「千円からお預かりします。」에서 「から」의 의미는 무엇인가요?

일본을 여행하다가 편의점 혹은 음식점에 들어가서 계산하려고 할 때 점원에게서 자주 듣게 되는 말입니다. 「預かる」의 의미는 '잠시 물건을 맡아둔다'는 의미로, 물론 맡겨둔 물건은 맡아준 사람한테 받아야 합니다. 따라서 문법적으로 「から」의 기점이 되는 것은 물건이 아니라 사람이어야 합니다.

千円札

그러나 제목에서는 「から」의 기점이 사람이 아니라 「千円」 즉, 물건 (돈)이 기점으로 사용되어 다소 어색함을 느낄 수 있습니다.

一万円札

から

< 起点 >

〈그림 6-4〉 의미격 「から」의 프로토타입 이미지

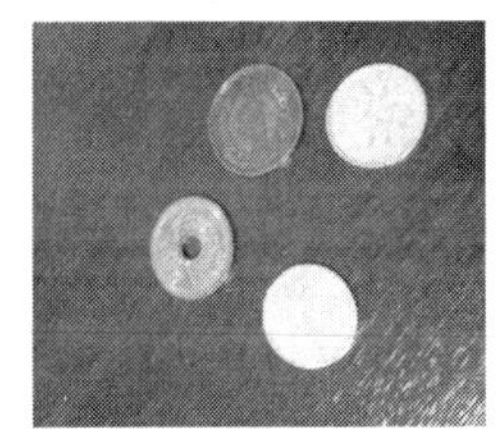

小銭

그러나, 이 경우도 「から」의 프로토타입 이미지가 확장되어 사용된 것으로 이해할 수 있습니다. 즉, 점원이 거스름돈을 내주어야 하는 상황에서 손님에게서 받은 천엔을 기점으로 물건 값을 빼고 나머지를 거슬러 주겠다는 의식이 작용되고 있다고 볼 수 있습니다.

또 하나는, 일본에는 소비세가 있는데, 보통 손님은 큰 돈을 먼저 내고 나머지 잔돈을 처리하려고 하는 의식이 강하게 작용하게 마련입니다. 이때 손님이 낸 돈 중에서 우선 천엔을 받아두고 그 돈을 기점으로 하고 나머지 잔돈을 더 받으면 더하겠다는 점원의 의도가 들어간 것이라고 할 수 있습니다. 두 경우 모두 「から」의 프로토타입 이미지가 작용하고 있는 것입니다.

다음 단어의 의미를 유추해보자.

グラジストネ　　ロビーニョ
サンーパウロ　　シュハスユ

　끊임없이 새롭게 생성되는 가타가나 외래어만을 가지고 정확한 의미를 파악하는 것은 거의 불가능하다. 아무리 일본 원어민의 감각을 지니고 있다고 하더라도 위와 같은 생소한 외래어의 의미를 유추하는 것은 결코 쉬운 일이 아닐 것이다.

　그러나 다음과 같이 각각의 가타가나에 격조사를 붙여보면 의미 파악에 큰 도움을 받을 수 있다.

グラジストネ<u>が</u>　ロビーニョ<u>と</u>　サンーパウロ<u>で</u>　シュハスユ<u>を</u>

　격조사는 주로 명사에 붙어서 해당 명사와 문장 안에서 함께 사용된 다른 품사와의 의미 관계를 나타내는 역할을 하는데, 이러한 문법적인 기능 외에도 격조사의 프로토타입 이미지를 통하여 해당 명사의 의미를 파악 할 수 있는 것이다.

「水を飲みたい。」와 「水が飲みたい。」는 어떻게 다른가요?

위 두 문장의 뉘앙스의 차이는 다음 문구조의 차이에서 찾아볼 수 있습니다.

    a. [水を飲み]たい。

    b. 水が[飲みたい]。

「水を飲みたい」는 서술부의 동사와 목적격 조사가 서로 논리적인 관계로 강하게 묶여져 있는 문장구조임에 반해, 「水が飲みたい」에서 「水」는 형용사문 「飲みたい」의 대상으로 「水がほしい」와 거의 같은 의미라고 볼 수 있습니다. 따라서 a는 보다 논리적이고 이성적인 희망의 정도가 강하고, b는 비논리적이며 본능적인 측면이 강합니다. 이는 다음 문장의 허용도를 보면 그 차이가 명확해집니다.

    c. 水をゆっくり飲みたい。(○)

    d. 水がゆっくり飲みたい。(×)

즉, c는 논리적인 판단이 작용할 수 있는 여지가 있기 때문에 「ゆっくり」와 같은 부사를 사용하여 시간적인 여유를 가질 수 있으나, d는 순간적이고 본능적인 측면이 강하여 이러한 시간적인 여유를 허용하지 않는 것입니다.

　　하나의 문장을 구성하는 성분과 성분 사이의 논리적인 관계를 나타내는 지금까지의 격조사와는 달리, 문장에서의 위치도 비교적 자유로운 「も」, 「さえ」, 「だけ」, 「こそ」, 「は」 등의 일련의 조사 그룹이 존재한다. 이들 조사들은 일본의 전통적인 국어학의 세계에서 계조사(係助詞), 부조사(副助詞), 제시사(提示詞), 한정사(限定詞) 등의 이름으로 불려왔는데, 근래에 들어와서 비로서 '특립(取り立て)'이라는 별칭을 얻게 되었다. 이후, 조사라는 기능면에 초점을 맞추어서 특립조사(取り立て助詞)라고 하기도 하고, 일부러 기능면을 약화시켜 의미적인 측면에 초점을 맞추어 특립사(とりたて詞)라고 하기도 한다. 더 나아가 주관성이 강한 무드(mood) 에 가깝다는 것을 부각시켜 특립조사(取り立て助辞)로 부르기도 하는데, 다양한 명칭이 난립하고 있는 상황으로 문법 카테고리에서 확고한 자리매김이 이루어져 있지 못한 상황이다. 본서에서는 기능면, 의미면, 주관성의 특성을 동시에 갖춘 특수한 품사(「品詞」)라는 의미에서 특수조사(取り立て詞)라고 부르기로 한다.

「私はウナギだ」
'나는 장어이다'!?

위 문장을 한국어로 번역하면 인간이 장어가 되어버리는 황당한 상황이 발생하게 됩니다. 일반적으로 격조사의 역할을 하나의 문장을 구성하는 성분과 성분 사이의 논리적인 관계를 나타내는 것으로 규정하는데, 「は」를 격조사로 보고 私(나)와 ウナギ(장어)의 관계를 논리적으로 파악하려고 하면 인간이 장어가 되어버리는 사건이 발생하는 것입니다.

따라서 「は」는 하나의 문장 안에서 논리적으로 이해할 수 있는 격조사가 아니라 다음과 같이 전체적인 문맥과의 종합적인 판단을 바탕으로 이해해야 하는 특수조사라고 할 수 있는 것입니다.

うな丼

a. 今日は何にしましょう。

b. 私はウナギだ。

여기에서 b의 의미는 '본인이 장어이다'가 아니라, '장어를 주문하겠다'라는 것입니다.

단순한 어(語)와 어(語) 사이의 논리적인 관계로는 이해하기 힘든 특수조사가 전달하는 의미를 이해하기 위해서는 특수조사 자체가 지니는 '단정적인 주장'과 이를 통한 함의(implicature) 사이의 관계를 동시에 잘 이해해야 한다. '주장'과 '함의'의 일치 혹은 불일치로 인하여 다양한 다의(polysemy) 가 파생되는 경우가 있으니 주의해야 한다.

〈표 6-2〉 특립조사의 의미체계

意味特徵 / とりたて詞	주 장 (自者 肯定)		함 의 (自者 肯定)	
も	단정 +	+	단정 −	+
さえ	단정 +	+	상정 +	−
まで	단정 +	+	상정 +	−
だけ	단정 +	+	단정 −	−
ばかり	단정 +	+	단정 −	−
しか	단정 +	−	단정 −	+
など	단정 +	+	단정 −	+

沼田(2001)참조

a. 為替市場で円<u>も</u>高騰する。

b. あの病院は、病気と無関係の検査<u>まで</u>行う。

c. 太郎<u>だけ</u>が学校に来る。

d. 長男<u>ばかり</u>が大事にされる。

특수조사의 '의외성'

「も」,「さえ」,「まで」,「でも」,「だって」 등은 단정하기로는 공통
적으로 어떤 명사에 초점을 맞춰서 사태성립을 긍정하는 의미를 전
달하지만, 실제로 함의(implicature)하기로는 부정적인 의미를 나타
낸다. 즉 실제 의미와 함의가 불일치함으로 인하여 공통적으로 '의
외성'의 의미가 발생하는 것이다.

a. 社宅さえあれば勤める。

b. 金持ちだって貧乏人だって同じですよ。

c. 先生でも漢字を忘れることがある。

d. お酒まで飲んだ。

e. お酒も飲んだ。

'의외성'의
문맥의존도

또한, 문맥에 따라서 특수조사의 함의 정도, 즉 의외성의 강도가
달라지니 주의하자!

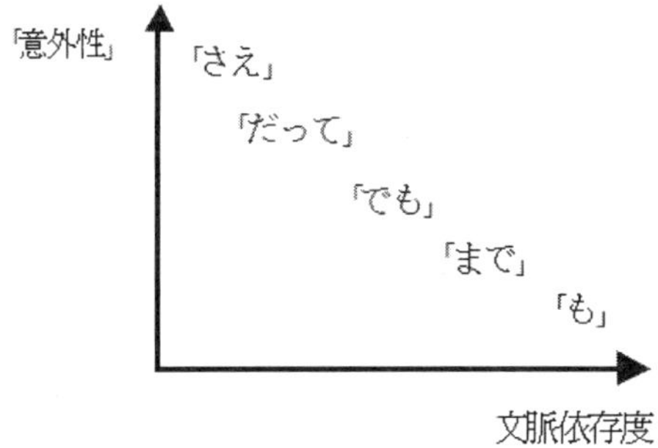

〈그림 6-5〉 '의외성'과 문맥의존도

「だけ」의 다의성(polysemy)

a. 注射だけで直る。

위 문장은 '주사만 맞으면 낫는다'는 '타자부정불요'(「他者否定不要」)의 의미와 '주사를 맞지 않으면 낫지 않는다'는 '자자긍정/타자부정'(「自者肯定・他者否定」)의 두 가지의 의미를 전달할 수 있다.

그러나, 다음과 같이 특수조사와 격조사의 위치를 바꾸면 타자부정불요(「他者否定不要」)의 의미는 약해지고 자자긍정/타자부정(「自者肯定・他者否定」)의 의미가 강해지는 현상이 발생한다.

b. 注射でだけ直る。

이는 「だけ」가 한정하는 범위(scope)의 차이에서 발생하는 것으로 이해할 수 있다.

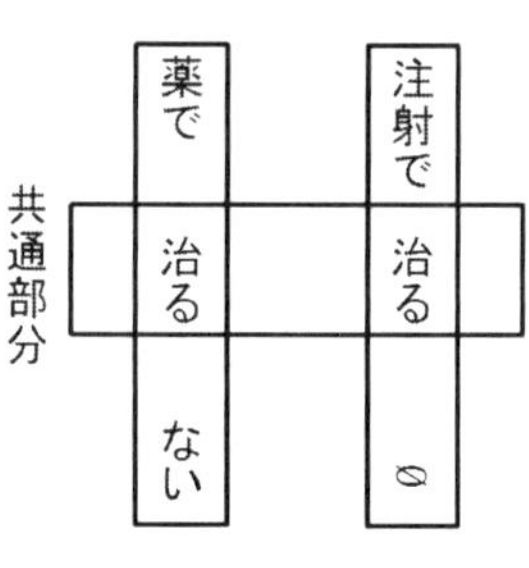

(a) 命題対照

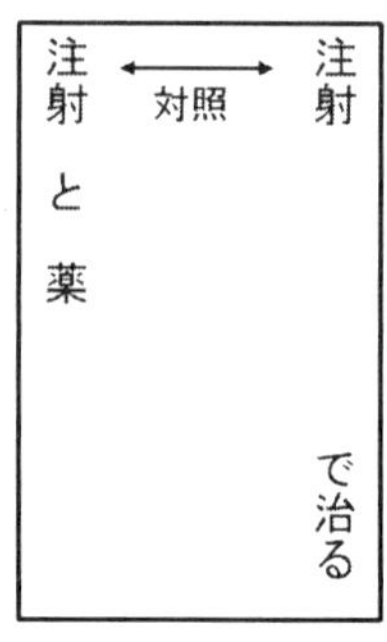

(b) 要素対照

井島(1992:115-116)

〈그림 6-6〉「だけ」의 명제대조와 요소대조

(b)의 요소대조가 '주사'를 한정함으로써 상정되는 다른 치료수단과의 대조를 통해서 다양한 다의를 가질 수 있지만, (a)의 명제대조는 스코프(scope)가 확대되어 서술부의 긍정과 부정의 대조 관계에만 초점이 맞추어져 타자부정(「他者否定」)의 의미만 남는 것이다

6-7 접속조사

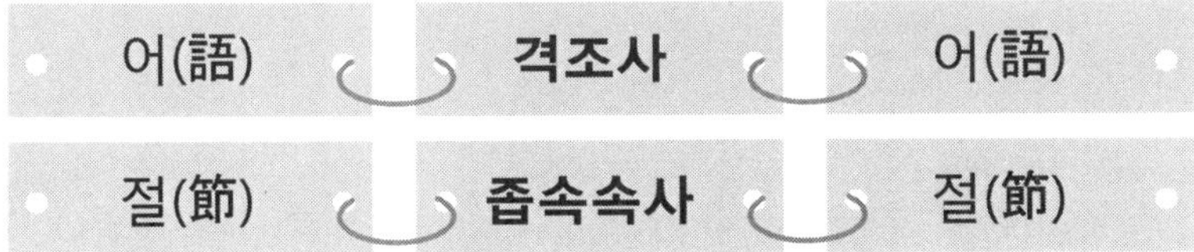

〈그림 6-7〉 조사 vs 접속사

　격조사가 체언 상당어구 사이의 관계를 연결하는 것이라고 한다면 접속조사는 보다 큰 범위의 절(節)과 절(節) 사이의 관계를 연결해 주는 것이다. 절과 절의 전후 관계에 따라서 조건관계, 시간관계, 인과관계 등으로 분류할 수 있다.

a. 道に迷ったら電話してください。 조건관계

b. 音楽を聴きながら勉強する。 시간관계

c. 昨日雨が降ったので地面が濡れている。 인과관계

聴く

公衆電話

春(はる)

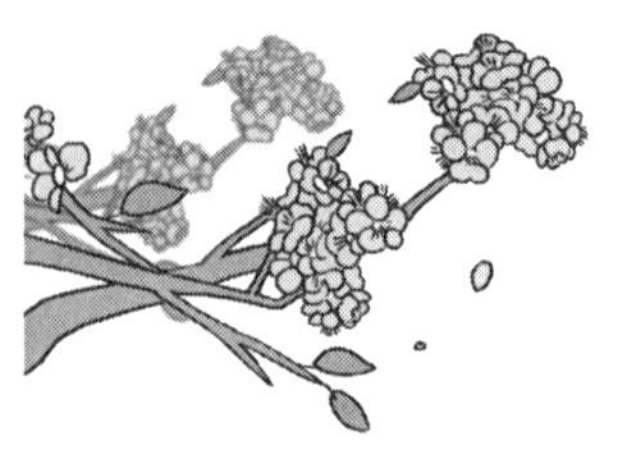

咲(さ)く

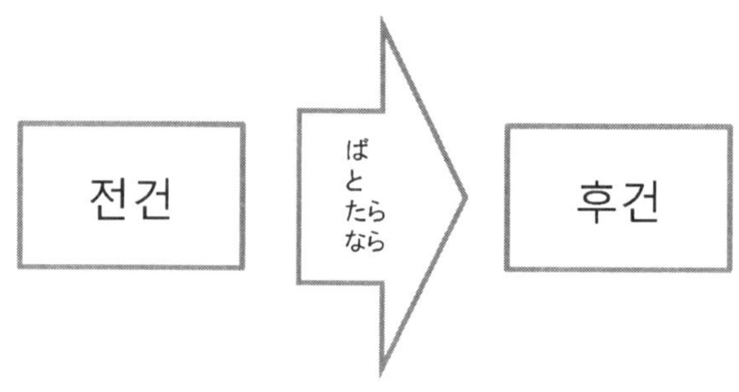

전후 사태가 서로 밀접한 조건관계를 가지고 연결된다.

〈표 6-3〉 조건관계 구분

구분	설명	예문
필요 (「ば」)	어떤 사태의 성립을 위하여 반드시 없어서는 안 되는 조건	a. ちりも積もれば山となる。 b. 安ければ買います。
필연 (「と」)	자연현상, 예상할 수 있는 당연한 결과 등 필연적인 결과를 초래하는 경우	c. 春になると、花が咲きます。 d. お酒を飲むと、顔が赤くなる。
우연 (「たら」、「と」)	두 사태의 인과관계가 단발적 혹은 우발적인 경우	e. 暇だったら、遊びに来てね。 f. あした雪が降ったら船は出ないだろう。
가정 (「なら」)	현실 세계와 독립하여 가정적인 사태를 상정할 때	g. 家に来るなら電話をしてから来てください。 h. やりたいなら勝手にやれば。

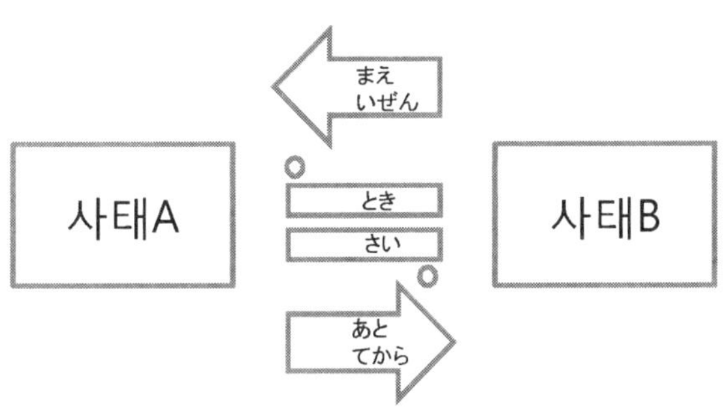

這う

시간적 선후 관계를 나타내는 접속조사는 크게 선후 관계의 구분이 모호한 경우와 선후 관계를 명확하게 구분할 수 있는 경우로 나눌 수 있다.

〈표 6-4〉 시간관계 구분

구분	설명	예문
A≒B ～とき(に)、～おり(に)、さい(に)、～たび(に)、～とたん(に)	선후 시간관계를 구분 짓기 어려울 정도로 거의 동시인 경우	a. 私が中学生だったとき、彼女はまだ小学生でした。 b. 彼はお酒を飲んだとたんに顔が真っ赤になる。
A→B ～あと(で／に)、～のち(に)、～てから、～以後、～なり、～やいな	A 발생 이후에 B	c. 大人になってからは遅すぎる。 d. 授業が終わったあと、すぐ家に帰った。
A←B ～前(に)、～以前(に)	A 발생 이전에 B	e. 旅立つまえに海外安全情報は要チェック。 f. 這い上がろうとする以前に、くたばります。

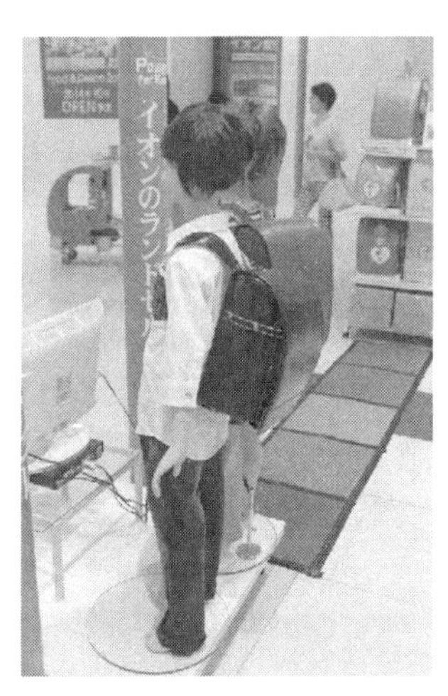
小学生

切符

搭乗券

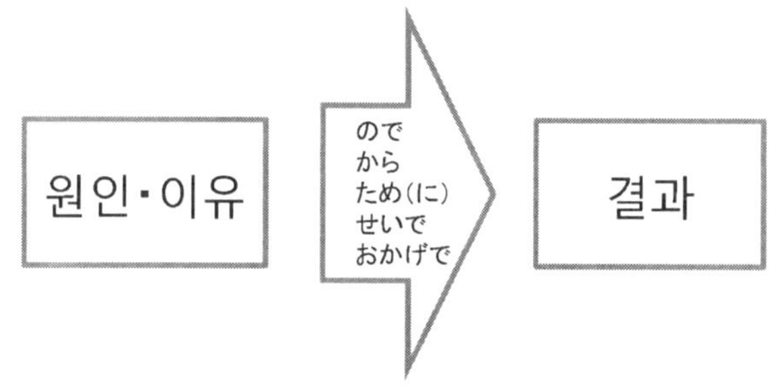

　사태 간의 인과관계를 따지는 표현으로 두 사태 간의 인과성을 어떻게 판단하느냐에 따라서 두 가지의 관계로 나눌 수 있다.

　일반적으로 통용되는 지식, 즉 객관성이 담보된 원인에서 충분히 예상할 수 있는 결과인 경우와, 주관적인 판단근거, 즉 개인적인 이유를 붙여서 합리화시킨 결과인 경우로 나뉜다. 전자의 대표적인 표현으로는「ので」, 후자의 대표적인 표현으로「から」가 있다.

a. 試合終了後は大変混雑いたします<u>ので</u>お帰りの切符は今のうちにお買い求めになっておいてください。

b. 危ない<u>から</u>中に入ってはいけません。

원인, 이유를 나타내는 「～ため(に)」는 언제 사용하나요?

　원인, 이유를 나타내는 「ため(に)」, 「から」, 「ので」 중에서 가장 객관적인 논리관계에 바탕을 두고 격식을 차린 '인과관계'를 나타내는 것이 「ため(に)」입니다. 따라서 신문기사, 뉴스보도 등에 자주 등장하여 주관성을 배제하여 객관성이 담보된 원인을 제시하는 경우에 사용됩니다.

a. ここは駅に近いために家賃が少し高いものだ。

b. 雨が降ったために、試合が中止になった。

「～せいで」와 「～おかげで」의 차이는 뭔가요?

　두 표현 모두 원인, 이유를 나타내는 접속사인데, 「せいで」는 부정적인 결과에 대한 원인을, 「おかげで」는 긍정적인 결과에 대한 원인을 나타낼 때 사용하는 표현입니다. 즉, 「おかげで」는 어떤 바람직한 결과가 만들어진 것에 대한 감사의 마음을 동반하며, 「せいで」는 이와 반대로 별로 바람직하지 않은 결과에 대한 책임을 자신 이외의 타인에게 전가하는 의미가 강한 것입니다.

a. 先生のおかげで、日本語が上手になりました。

b. 同僚が休んでせいで、残業をすることになった。

일본어의 종조사는 일반적으로 문말에 등장하고 문두에 위치하는 감탄사와 호응하여 화자(말하는 사람)의 주관, 감정, 판단 등의 전달태도를 나타낸다.

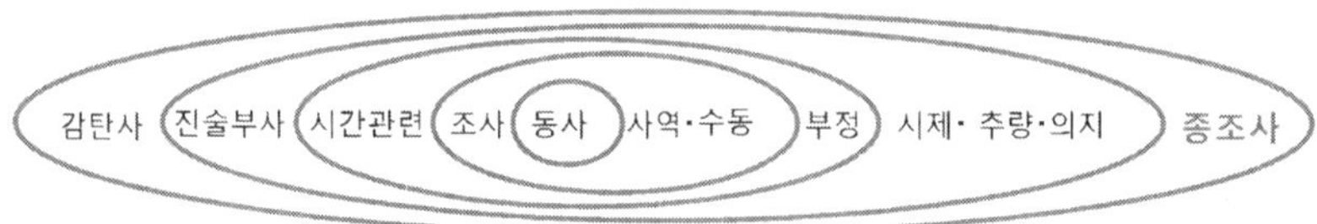

〈그림 6-8〉 일본어의 구문구조와 종조사의 위치

일반적으로 일본어의 구문구조는 어와 어의 상호 대응관계를 기본으로 상·하위 계층구조를 이루고 있는데, 문말에 위치하는 종조사는 다음과 같이 문두의 감탄사와 호응 관계를 유지하며 최하위의 계층구조에 위치한다.

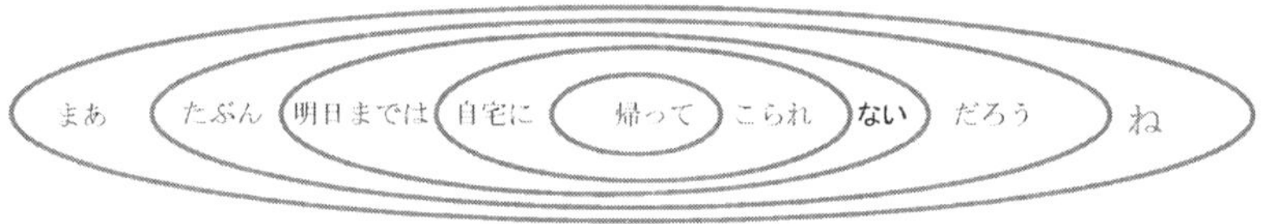

a. まあ、たぶん明日までは自宅に帰ってこられないだろうね。

다음 물음에 대한 대답으로 적당한 것은?

「今日はいい天気ですね。」

a. はい、そうですよ。(×)
b. はい、そうです。(?)
c. はい、そうですね。(○)

정답은 c번입니다.

일상적인 대화 상황에서「今日はいい天気ですね。」라고 말한 사람이 상대에게 전달하고자 하는 것이 단순히 '오늘의 날씨가 화창하다'는 문장 자체의 표면적인 의미는 아닐 것입니다.

위 a, b의 오용의 예가 바로 위의 발화를 단순한 '날씨보고'로 이해하고 대답했을 때 발생하는 경우라고 할 수 있습니다. 여기에서 발화자가 전달하고자 하는 의미를 언어요소의 조합, 즉 문장 자체의 자의적인 의미(literal meaning)에서 찾는 것이 아니라, 발화자의 발화의도를 정확히 파악하여 적절한 대답을 찾아야 하는 것입니다. 이러한 발화의도를 전달하는 것이 바로 종조사 입니다. 특히 청자의 존재를 항상 의식해야 하는 일상회화에서 자주 사용되는 종조사문은 발화자가 발화하는 의도를 단순히 직접적인 문장의 의미에서가 아니라 발화를 했다는 사실을 근거로 전후 상황을 종합적으로 추론해서 이해해야 하는 것입니다.

위 예시 대화에서 발화자는 '날씨'라는 화두를 던짐으로써 대화를 유도하려는 의도를 나타내고 있다. 여기에서 c의 종조소 [ね]는 이러한 발화자의 대화유도에 동조하는 의미를 전달하는 것이다.

1. 일본어 문장의 계층구조의 특징은 무엇인가?

2. 전달태도와 관련된 일본어를 나열해보시오.

3. 구체적인 예를 가지고 일본어 문장의 심층구조에 대하여 논해보시오.

　カテゴリー間の全体的階層関係は概略、次の通りである。その基本は、一次的カテゴリーの方が二次的カテゴリーよりも上位の位置を占め、一次的カテゴリーの中では、表現系の方が判断系よりも上位の位置を占める、というものである。この基本的な階層関係を依存関係と併せて図示すれば次のようになる。

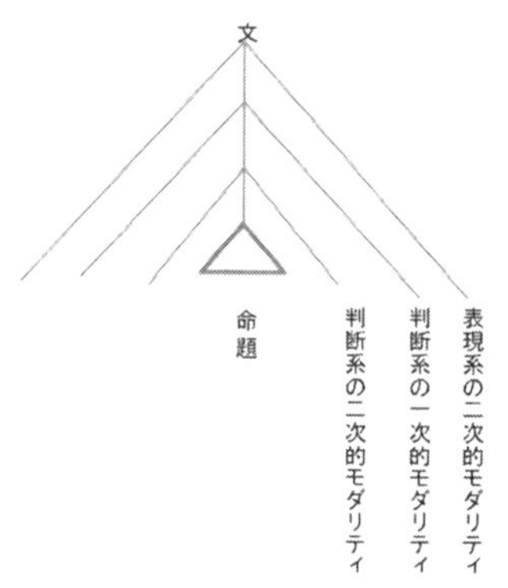

　階層関係についてさらに細かく言えば、表現系の中では、表現・伝達の仕方に関わるものの方が表現の類型に関わるものよりも、また、判断系の中では、対象となる事柄に対する判断を表すものの方が命題間の関係を表すものよりも、それぞれ上位に位置する。このようなカテゴリー間の階層関係と先に述べた依存関係を総合すると、モダリティが関与する構造の全体像は、およそ次のようになる。

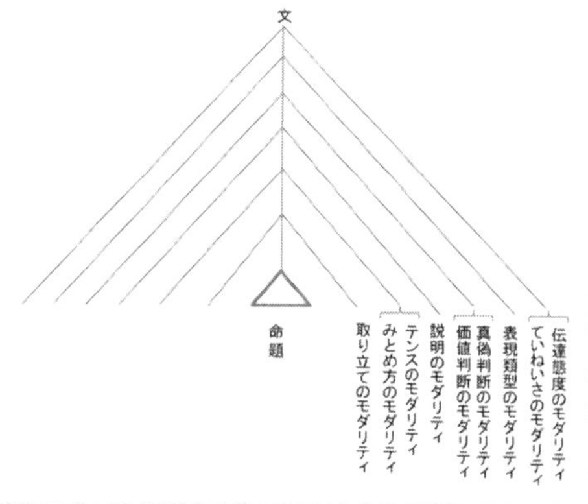

益岡(2001 : 43−44)

종조사의 남녀 구분

일본어에 있어서 남녀의 차이가 분명히 나타나는 것의 하나로 종조사를 들 수 있다. 특히 문말에 위치하여 남녀 차이가 현저하게 나타나는 감탄사 및 인칭대명사 등과 호응하여 말하는 사람의 주관적인 감정, 판단, 태도를 나타내는 종조사는 지역차와 남녀 차이가 현저하게 드러나게 마련이다.

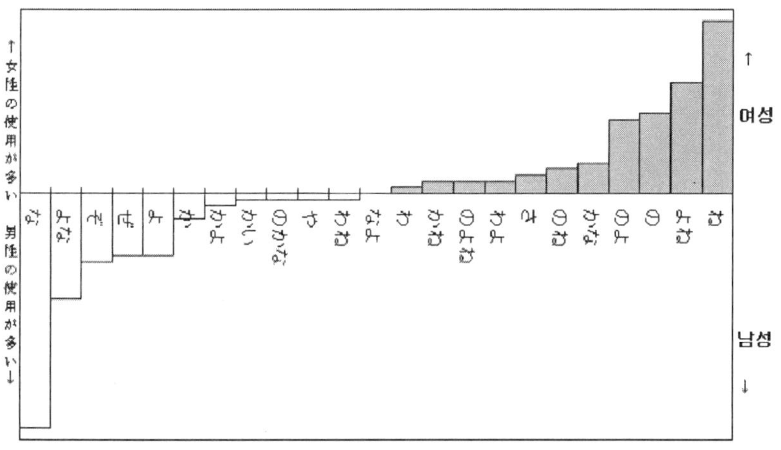

〈그림 6-9〉 종조사의 남녀 구분

小川(1999) 참조

a. あなたの若_{わか}さが怖_{こわ}いのよ。　　-여성-

b. まあ、綺麗_{きれい}だわ。　　-여성-

c. もうそろそろ終_おわりにしようぜ。　　-남성-

d. 君_{きみ}もやってくれるだろうな。　　-남성-

〈표 6-5〉 종조사 구분

의미·용법	종조사	예문
의문	か、かい、かな、かしら	a. 一緒に食べますか。 b. あすのお天気になるかしら。
확인 및 동의요구	ね、な、よね、、っけ	c. 今日はいい天気ですね。 d. 会議は2時からですよね。
확신	よ、ぞ、ぜ	e. 行くぜ、東北。 f. そう簡単にはさせないぞ。
금지	な	g. 飲んだら乗るな。 h. 乗るなら飲むな。
단정	さ、の、や	i. 明日は来るさ。 j. それはそれでいいの。
영탄	なあ、わ	k. かわいい人形だなあ。 l. 水は出ないわ、電気は止まるわ。

1. 외부세계의 대상을 이해하는데 있어서 이미지의 역할은 무엇인가?

2. 인간의 인지프로세스를 3단계로 정리해보시오.

3. 우리말의 '나이를 먹다'에서 '먹다'의 의미를 3단계의 인지프로세스를 활용하여 이해해보자.

　われわれは，外部世界の対象に関し何らかのイメージをつくりあげ，このイメージを介して外部世界の対象を把握している。イメージは，具体的な経験に基づいて形成される心的表象の一種である。われわれは，具体的な経験によって形成されたイメージを介して対象を把握しているだけでなく，状況によっては具体的なイメージを拡張し，この拡張されたイメージを介してより抽象的な対象を理解している。外部世界の把握を可能とする人間の認知能力の一部は，この種の表象能力によって支えられている。人間の創造的な理解には，すくなくとも次のような認知プロセスがかかわっている：(ⅰ)ある対象に関し具体的なイメージをつくり上げていくプロセス，(ⅱ)ある対象のイメージを他の対象に拡張していくプロセス(ⅲ)ある対象のイメージを多角的な視点から組みかえていくプロセス。われわれは，ある対象が抽象的で実体が直接的に把握できない場合には，その対象に関し何らかの具体的なイメージをつくりあげ，このイメージを介してその対象の理解を試みる。また，このようにしてつくりあげたイメージを拡張して他の対象にあてはめたり，当初のイメージを新しい視点から柔軟に組みかえていく。この種の能力は，外部世界の創造的な理解を可能とする人間の認知能力の根幹にかかわっている。また，この能力の一部は，言葉の形式と意味の世界にさまざまなかたちで反映している。

山梨 (1995 : 95−96)

は　た　さ　か　あ
ひ　ち　し　き　い
ふ　つ　す　く　う
へ　て　せ　け　え
ほ　と　そ　こ　お

부록

캐내기 코너 번역

　　사실 'KY어'의 유행은 새로운 현상이 아니라, 'MMK'(너무 너무 인기가 많아서 곤란하다)와 같은 단어는 전전에 구 일본해군에서 '군대용어'로도 사용된 적이 있었다는 흥미로운 데이터도 있다. "일본어는 원래 두문자를 이용하여 생략하는 경우가 자주 있는 언어이다. 지금까지도 'NHK'(일본방송협회), 'YKK'(요시모토공업 주식회사) 등 알파벳 약어의 기업명과 서비스업체명 등은 있었는데, 일반적인 회화문을 알파벳 약어로 만들어 사용하는 현상은 최근의 일이다."(키타무라 씨).

　　이러한 새로운 언어현상인 KY어가 범람하게 된 배경에는 인터넷과 메일, 휴대폰의 영향이 크다고 할 수 있다. 일본어를 알파벳으로 입력하는 경우가 많아진 것이 KY어가 생겨난 원인이라고 생각할 수 있다.

　　또한, 휴대폰메일을 사용하면 통신료가 많이 나오는데, 많은 문자를 사용하면 그만큼 요금이 더 많이 나온다. 약어를 사용하면 많은 문자를 입력하지 않아도 되기 때문에 약어가 유행하는 요인이 되었다고도 생각할 수 있다. 동시에 휴대폰은 일반적으로 화면 크기가 좁은데, 약어를 사용하면 작은 문자라도 보는데 크게 부편함을 느낄 수 없다는 이점도 있다.

　　알파벳약어 이외의 단어에도 'W, (웃음), 미소', '신', '구글검색하다' 등 인터넷에서 자주 사용되는 단어도 많고, '윌컴통신망을 사용하다'라고 하는 특정 통신회사와 관련된 단어도 있어, 10대의 인터넷과 휴대폰에 대한 높은 관심도를 느낄 수 있다. 10대에게는 인터넷과 휴대폰 문화가 깊이 침투해 있는데, 이러한 관심도가 언어에도 크게 반영되어 있다고 할 수 있다.

　　'일반화'와 병행하여 현대언어학에서 중요한 역할을 하고 있는 것이 유표성이라고 하는 개념이 있다. 유표성이란, 'A와 B'라고 하는 서로 대립되는 의미가 대치하는 경우, 둘 중에서 어떤 것이 다른 것보다 보다 일반적인가 하는 것을 논하는 것이다. 이때, 일반적인 한 편을 '무표(unmarked)', 특별한 다른 편을 '유표(marked)'라고 말한다.

　　예를 들어 man-woman, day-night, old-young 등 영어의 대립관계를 이루고 있는 단어를 생각해보자. 이들 '대립어'는 대등한 관계를 이루고 있다고 생각할 수도 있지만 실제로는 그렇지 않다. 위 대립어들은 모두 첫 번째 단어(man, day, old)가 각각의 다른 단어보다도 무표의 단어이다. 이렇게 말할 수 있는 근거로는 man(남자)와 woman(여자)를 총칭하는 경우 man(인간)이라는 단어를 사용하며 day(낮)과 night(밤)을 총칭하여 day(하루)라고 말한다. old와 young의 경우도 '몇 살입니까?'라는 중립적인 물음으로 사용할 경우는 How old are you?라고 하여 old를 사용하지 How young are you?라고 말하지는 않는다. 이렇게 언뜻 보면 대등한 자격을 가지고 있는 것처럼 보이지만 양자는 대등하지 않은 것이다. man과 woman의 경우는 man이, day와 night의 경우는 day가, 그리고 old와 young의 경우는 old가 일반적인 의미로 사용되는 것이다. 이와 같이 일반적인 취급을 받고 있는 한 편을 무표, 그렇지 않은 다른 편을 유표라고 말하는 것이다. 인간의 인지능력이라고 하는 관점에서 생각해보면, 대립하는 두 개념, A와 B를 서로 대등한 존재로 다루는 것이 아니라, 'B가 아닌 모든 것은 A이다'라는 식의 인지 방식을 취하고 있는 것이다. 전체 중에서 B(특수)가 되는 것만 마크(mark)해 두면 A(일반적)가 되는 것까지 굳이 마크할 필요는 없는 것이다.

　　전·후 이미지 스키마: 시간개념의 확장

시간 개념의 표현방식은 언어, 문화에 따라 엄밀하게 다르다. 시간 개념의 어떤 부분은 구체적으로 존재하는 '공간적 이동'의 관점에서 파악하는 것이 가능하다. 특히 미래, 과거와 같은 시간 개념을 이해하는 경우, 시간은 어떤 방향을 향해 이동해 가는 것이라는 의식이 작용하고 있다. 이러한 인식의 근저에는 시간이 이동하고 있는 진행방향이 <앞>이고 그 역방향이 <뒤>라고 하는 <전·후 이미지 스키마>에 의해서 규정되어져 있는데, 우리 인간들이 차용하는 시점과 관련되어 시간의 전후관계가 상대적으로 결정되는 것이다. 또한, 시간 표현과 관련된 이미지 스키마는 언어에 따라서도 차이가 발생한다.

시간이 지나간다고 말할 때, 우리들이 시간과 어떤 관계 속에서 위치하고 있는가가 문제시 된다. 우선, 시간이 우리들에게 다가와서 통과해 간다라고 하는 시점에서 봤을 때, 일본어에서는 다음과 같은 시간 표현이 가능한 것이다.

1. a. 다음 생일이 <u>오면</u>, 성대하게 축하합시다.
   b. <u>다가오는</u> 5월 17일에 콘서트를 예정하고 있습니다.

2. a. 드디어 연말이 다가<u>오고 있다</u>.
   b. 마침내 빌린 돈을 갚아야 할 때가 <u>다가왔다</u>.

3. a. <u>지나간</u> 날들을 그리워하고 있다.

후　　　　　　　전
<미래> ──→ <과거> ──→
(인간)

　　문법화와 언어변화의 프로세스

일상 언어에 있어서 주목해야할 언어현상 중의 하나가 문법화(grammaticalization)이다. 문법화란 일상 언어의 변화 과정을 특징짓는 중요한 프로세스의 하나인데, 이러한 변화를 잘 살펴보면 어떤 방향성이 발견된다. 문법화의 프로세스는 일반적으로 동사와 명사로 대표되는 실질적인 의미를 가진 내용어(content word)의 조사, 접두사, 접미사와 같은 기능어(fuction word)로의 변화, 즉 독립한 단어로서 사용된 표현이 점차 속박된 접사적인 표현으로 변화해 가는 경향성이 발견된다. 이런 방향의 문법화의 프로세스를 보여주는 구체적인 예로는 다음과 같은 것들이 있다. : (1) a basket full of (eggs...) > (2) a cupful(of water) > (3) hopeful(Hopper & Traugott 1993:7). (1)의 full은 [⋯로 가득 찬]과 같은 의미내용과 동시에 통어적으로도 독립된 하나의 내용어로서의 자격을 가지고 있다. 이에 반해, (2)의 full은 직전의 cup과 결합해서 하나의 단어를 형성하고 여기에 (3)의 full은 속박형태소로서 접사의 기능을 수행하고 있다. 그러나 (1)에서 (3)으로의 이동은 단계적으로 이루어지는 것으로 절대적인 구분을 할 수 있는 것은 아니다.

 '역할어'란?

'으흠... 제군들 모두 안녕하신가? 오늘은 다소 불가사의한 일본어 이야기를 해보려고 한다네.' 이 대사에서 여러분들은 다소 특이한 느낌을 받을 것입니다. 이런 식의 말투를 접하고 여러분들은 어떤 인물이 말을 하고 있다고 예상하는지요? 아마도 나이가 지긋한 윗사람, 즉 만화에나 등장할법한 '박사님'과 같은 인물이 떠오르지 않나요? 예를 들어, '천하무적 아톰'에나 등장할 것 같은 백발의 박사님 말입니다.

그렇다면 다음과 같은 말투는 어떨까요?

'어머머! 기대도~어~요! 상당히 기~뻐~요!'

남자인 제가 읽으면 어딘지 모르게 묘한 느낌이지요. 왜 이상한가라고 물어보면 어조 자체가 아주 여성스럽기 때문입니다. 여성 중에서도 상당히 품격이 있고 다소 고풍의 좋은 집안의 '공주님'이 연상되지 않나요?

이렇게 특정한 인물상을 연상시키는 특징적인 어조를 저는 '역할어'라고 부릅니다. 첫 번째 보여준 예를 '박사어'라고 한다면, 두 번째 예는 '공주어'라고 부를 수 있습니다. 모두 역할어의 일종입니다. 역할어에는 이외에도 여러 종류의 것들이 있습니다. 예를 들어, '맞아요. 제가 알고 있습니다.'라는 보통의 문장을 여러 역할어로 읽어봅시다.

'맞다마다 이 몸도 알고 있다마다.'
'맞죠. 소생도 잘 알고 있습니다.'
'맞아맞아! 본인도 물론 알지!'

......중략......

또한, 역할어는 현재 단순히 존재하고 있는 것이 아니라 오히려 적극적으로 이용되고 있다고 할 수 있습니다. 즉, 역할어는 넓은 계층의 일본어 화자들에게 받아들여져, 작가가 어떤 등장인물에 어떤 역할어를 부여하면 그 인물이 어떤 성별 연령에 속하는지 또한 어떤 일을 하고 있는지 등의 사정을 일순간에 독자에게 전달하는 효과가 있습니다. 작가, 시미즈 요시노리 씨는 '역할어'라고 하는 용어를 직접 사용하고 있지는 않지만, 작가의 입장에서 역할어의 기능과 병폐에 대해서 단적으로 지적하고 있습니다. 즉, '역할어를 지나치가 자주 사용하면 작품은 이해하기 쉬어지지만, 깊이가 없는 B급 작품으로 전락해 버릴 수 있다. 그러나 역할어를 사용하지 않고 정형화된 대사만으로 소설을 쓰는 것은 불가능하다'라고 했습니다.

이렇게 작가는 자신도 모르게 역할어를 작품에 사용하게 됩니다. 그렇게 되면 그것을 읽은 독자에게 그대로 전달되어 독자 중 또 몇 명은 작가가 되어 이러한 역할어를 자신의 작품에 사용하게 되어서 '역할어 연쇄작용'이 일어나게 되는 것입니다. 즉 세대와 시대를 초월하여 계승되는 구도가 형성되는 것입니다.

캐내기!-6　　언어와 문화

눈앞에 펼쳐지는 상황과 사건은 같아도 모두가 그 안의 같은 곳에 착목해서 반드시 그것을 동일하게 표현한다고 단정할 수는 없다. 문화에 따라 다양할 수 있고, 또한 어떻게 표현하는가는 언어에 따라서 달라질 수 있다. 예를 들어 일본어는 '비'에 대한 표현은 다수 존재하는데, '눈'에 대해서는 그다지 풍부한 어휘나 표현을 가지고 있다고 할 수 없다. 반면 캐나다의 원주민인 이누잇의 언어는 '눈'에 관한 어휘를 상당히 많이 가지고 있다. 일본어로는 '내리는 눈', '지면에 쌓인 눈', '반 정도 녹은 눈', '얼음처럼 꽝꽝 언 눈' 등과 같이 그 상태를 풀어서 설명할 수밖에 없는 경우도 '이누잇어'는 각각에 해당하는 어휘를 가지고 있다(Crystal 1987:15). 또한 극한의 대지에서 생활하는 그들은 얼음 혹은 눈이 부서지지 않고 견뎌낼 수 있는지, 사람의 무게, 개의 무게, 카약의 무게 등에 따라 구별해서 각각의 얼음과 눈의 무게를 구별해내는 어휘를 갖추고 있다(Nettle and Romaine 2000:16). 일상생활이 눈과 밀접하게 관련되어 있는 이누잇의 사람들에게 있어서 얼음과 눈에 대한 이러한 지식 또는 각각의 어휘는 자신들이 놓여있는 환경에서 생존해 가기 위해서 결정적으로 중요한 지식이며 어휘인 것이다. 그들은 이러한 지식, 어휘에 자신들의 목숨을 맡겨온 것이다.(모리미츠, 나카지마 2009:142-143) ......중략...... 이누잇의 사람들은 일본인과는 전혀 다른 눈으로 눈과 얼음을 보고 표현하고, 호피족들은 일본인과는 전혀 다른 눈으로 하늘을 날아다니는 것들을 보고 표현한다. 이렇게 문화에 있어서 인간은 서로 다른 언어표현을 가지고 서로 다른 사고를 하고 있는 것이다.

이러한 언어와 사고와의 관계는 복잡해서 닭이 먼저냐 달걀이 먼저냐의 문제와 같이 '언어가 먼저냐 사고가 먼저냐'와 같은 논쟁을 불러일으킨다. 이런 문제에 대해서는 지금까지 다양한 논의가 있었는데, 현재에는 '언어가 그 언어를 사용하는 사람들의 사고하는 방식에 영향을 준다'는 것이 일반적이다. 언어와 사고, 어느 것이 먼저이든 양자는 서로 밀접한 관련이 있다는 것은 틀림없다.

캐내기!-7　　명사와 형용사의 연속성

구문에 주목해보면 언어에 따라서는 대립적인 두 개의 품사 사이에 또 다른 종류의 품사가 존재하는 것이 보이는 경우가 있다. 바로 일본어의 형용동사가 이에 해당한다. 다음 그림에서 구문형식을 도입한 명확한 좌표축이 나타나는 의미지도에서 보면 중간적인 품사로서 형용동사가 눈에 두드러진다.

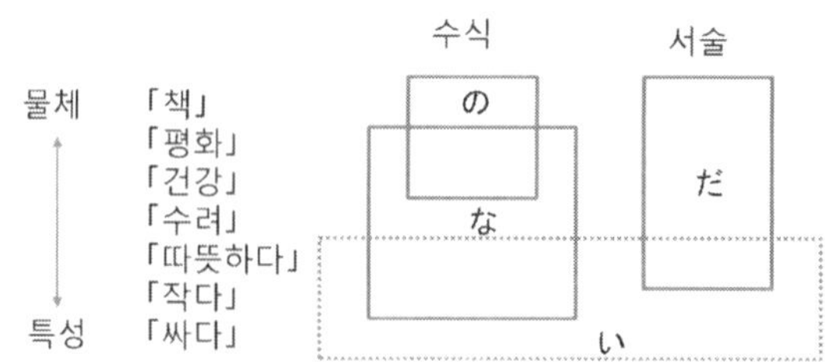

종축은 '물건' 혹은 '관계'(형용사가 나타내는 특성 등)의 정도차를 나타내고, 횡축은 구문형식을 나타낸다. 인지 프로세스를 비연속적이라고 한다면 물건이나 관계 중에 어느 하나가 되지만, 구문에서 나타나는 형태를 보면 수식구문에는 'の' 혹은 'な'의 유표 형식이 존재한다. 또한, 'の'와 'な' 그리고 'な'와 무표의 'い'는 서로 연속적(물건‒관계)이고, 'な'의 형태를 취하는 독립된 중간적 카테고리가 존재하는 것이다. 서술구문에서도 'だ'와 'い'는 서로 연속적임을 시사한다(이는 두 종류의 인지 프로세스가 동시에 반영된 카테고리의 존재 가능성도 시사하는 것이다). 이와 같이 어떤 고정된 카테고리를 전제하지 않고, 문법 카테고리의 탄생을 구문과의 관계 속에서 찾아내는 것이 클로프트(Croft)의 구문주의의 요점인 것이다.

캐내기!-8 **형용사의 인칭제한**

'기쁘다', '슬프다' 등의 감정과 '아프다', '가렵다' 등의 감각을 나타내는 형용사(형용동사 포함)는 말하는 사람의 감정, 감각을 나타내는 것이 원칙인데, 여기에서 구문상 혹은 공기제한 등 여러 흥미로운 문법현상을 찾아볼 수 있다. 하나의 예로 형용사가 단정의 형태로 술어에 사용되는 경우, 다음과 같은 인칭제한이 관찰되는 경우가 있다.

(1)　a.　나는 기쁘다.
　　　b. * 당신은 기쁘다.
　　　c. * 저 사람은 기쁘다.

이러한 인칭제한 현상에 대해서는 지금까지 많은 논고가 발표되어왔지만, 이들 연구의 논점은 감정형용사와 속성형용사를 구분하는 동사화 접미어 'がる'의 부가 여부로 집약할 수 있다. 즉, 'がる'가 붙는 것을 감정형용사 붙지 않는 것을 속성형용사로 하는 분류법의 문제이다.

그러나 이런 분류방식에 있어서 예외가 다수 발견된다. 예를 들어, '강하다', '새롭다' 등, 속성형용사로밖에 생각할 수 없는 형용사에 'がる'를 사용할 수 있다. 코야마(1966:73)는 이에 대해 '신조어('일부로 어떤 행위를 보여주다')'로 설명하고, 니시오(1972:24)는 '형용사가 나타내는 속성을 자신이 취하고 있는 모양, 혹은 이를 과시하다'는 의미로 설명하여, 두 논문에서는 이들을 모두 예외로 처리하고 있다. 또한, 니시오(1972:25)는 감정과 속성의 중간적인 위치에 있는 것으로 '더럽다', '소중하다' 등의 용례가 존재하는 것을 인정하는데, 이들에 대해서는 '속성형용사이지만 감정형용사에 가깝다'고 하여 다소 애매한 기술을 하고 있다.

감정형용사의 구문상의 문제에 있어서는 '다른 사람의 감정을 나타낼 때에는 'がる'를 사용한다' 정도로 기술되는 경우가 많다.

자동사와 타동사의 구분은 문법연구에 있어서 아주 기본적인 개념이다. 전통적으로 자·타 구분은 직접목적어 혹은 'ヲ'격목적어 중 어떤 형태를 취하는가의 통어적 기준의 문제, 혹은 '続く, 続ける', '植える, 植わる'와 같은 형태적인 기준의 문제에서 연구되는 것이 주를 이루는데, 이러한 관점에서 직접목적어 출현방식(Hopper & Thompson(1980)의 타동성의 정도), 일본어 접사에 의한 형태적인 파생관계(스가·하야츠, 1995) 참조) 등에서 어느 정도 성과가 만들어졌다.

철학자 Vendler(1967)의 연구는 영어동사를 어휘적 아스펙트에 의해 분류한 것으로 언어학에서도 널리 알려져 있다. Vendler의 동사분류를 개괄하면 다음과 같다.

Vendler(1967)의 4분류
(A) 상태(states): know, believe, have, desire, love
(B) 도달(achievements): recognize, spot, find, lose, reach, die
(C) 활동(activities): run, walk, swim, push a cart, drive a car
(D) 달성(accomplishments): paint a picture, make a chair, push a cart to the supermarket, recover from illness

......중략......

일본어에서는 Vendler보다 먼저 킨다이치(1950)가 동사의 4분류를 발표했다. 킨다이치(1950)는 상태, 행위, 변화라고 하는 아스펙트의 관점에 착목하여 동사 '~ている'의 사용여부와 '~ている'가 사용되는 경우에는 어떠한 의미가 되는지에 대하여 고찰하였다.

킨다이치(1950)의 일본어동사의 4분류

제 1종 '상태동사': 시간의 개념을 초월하여 동사 자체가 상태의 의미를 나타내어서 'している'를 사용할 수 없다.

제 2종 '계속동사': 어떤 정해진 시간 내에 연속해서 일어나는 동사·작용을 나타내며 'ている'가 붙으면 동작이 진행중임을 의미한다.

제 3종 '순간동사': 순간적으로 한 번에 끝나버리는 동작·작용을 나타내며 'ている'가 붙으면 그 동작·작용의 결과가 남아 있음 의미한다.

캐내기!-11 타동성

전통적으로 적어도 유럽의 전통에서는 타동성은 대체로 다음과 같이 정의된다(Hartmann and Stock 1972:155-56, 118, 242; Richards et al. 1985:198, 298 등 참조):

(5-1) 전통적인 타동성의 정의
  (A) 타동사문에는 목적어가 있다. 동작은 주어가 목적어에 영향을 미친다. ('목적어는 동작의 영향을 받는다', '타동사문은 수동문으로 바꿀 수 있다' 등으로 정의되는 경우도 있다.)
  (B) 자동사문에는 목적어가 없다. 동작은 어디에도 영향을 미치지 않는다.

transitivity라고 하는 단어는 라틴어의 trans('넘어서, 건너서')와 ire('가다')에서 유래한다.

영어 타동사문의 예:
(5-2) Brutus killed Caesar. '부푸터스가 시져를 죽였다.'
(5-3) I hit him. '내가 그를 때렸다.'
(5-4) John saw Mary. '존이 메리를 봤다.'
(5-5) John has many books. '존은 책을 많이 가지고 있다.'

영어 자동사문의 예:
(5-6) He sat down. '그가 앉았다.'
(5-7) Kim died yesterday. '김이 어제 죽었다.'

캐내기!-12 정보범위이론

우선 이론 전체의 근간이 되는 가정을 분명히 하자.

(1) 화자, 청자 그리고 문장이 전달하는 정보 사이에는 1차원적인 심리적 거리가 성립한다. 이러한 거리는 <근>과 <원>의 두 개의 척도에 의해서 측정 가능하다.

가정 (1)에 의하면 문장이 전달하는 정보와 화자, 청자 사이의 거리는 <근> 혹은 <원> 중 하나이고, 그 외의 거리는 존재하지 않는다.

(2) <X의 정보 범위>라 함은 (1)의 가정에 의해 X에 <근>이라고 할 수 있는 정보 조합이 존재한다. 여

기에서 X는 화자 혹은 청자가 된다.

즉, X에게 있어서 <근>에 있는 정보는 X의 <정보 범위> 안에 속하며, X에 <원>인 정보는 X의 <정보 범위> 밖에 존재한다. (2)의 정의에서 보다 명확하게 나타내기 위하여 <집합>의 개념을 사용히고 있지만, 필자가 의도하는 바는 하나의 심리적인 카테고리로써의 <정보 범위>인 것이다. 이하에서 보는 바와 같이 이러한 카테고리는 각 카테고리에 속한 정보에 대해 어떤 공통의 성격을 부여한다.

이상 (1) (2)의 정의에서 다음과 같은 표가 성립한다. (1) (2)의 정의에 따르면, 정보는 X의 정보 범위에 속하는 것과 속하지 않는 것이 있을 수 있다. 또한, X는 화자 혹은 청자 중 하나이다. 따라서 이들 조합 생성의 논리적인 경우의 수는 (3)의 표에 표시된 네 가지 경우가 되는 것이다.

(3)

		화자의 범위	
		안	밖
청자의 범위	밖	A	D
	안	B	C

'싹둑', '엄청'이 이번에 새로 나올 '코지엔' 사전에 수록될 예정인데, 이러한 의음어, 의태어를 프랑스어에서는 '오노마토페'라고 부른다. 일본어에는 이러한 단어들이 특히 많은 것으로 유명하다. 심지어 외국어까지 '러브러브(love love)' 등이라고 의태어로 만들어 버릴 정도이니, 일본인들의 오노마토페 '사랑'은 알아줘야 한다. '생활 속 단어/의음·의태어사전'(코단샤)에서 '술술'이라는 단어를 찾아보면 (1) 가벼운 물체가 서로 부딪치거나 물이 얕은 곳을 흘러내리는 소리 (2) 움직임이나 행동이 경쾌한 모양 (3) 성격이 음습하지 않고 명쾌한 모습 (4) 끈기나 습기가 없는 상태--라고 하는 네 가지 설명이 나온다. 이는 오래전부터 사용된 순으로, 실제 소리를 의미하는 것부터 시작해서 모양, 상태를 나타내는 의미로까지 확대된 것이라는 것을 알 수 있다. 구미의 언어에는 의성어는 있어서 모양, 상태를 나타내는 의태어에 해당하는 단어가 많지 않다고 한다. 일본어에 있어서 '술술'이 (4)의 의미로 사용되기 시작한 것은 명치시대 이후이다. '몸에 착용만 하여도 당신의 혈액 순환이 좋아 진다'라고 과대 선전하며 금속목걸이를 판매했다는 건강기구 판매회사 사장 등 7명이 사기혐의로 체포되었다. 목걸이를 착용하는 것만으로 혈액의 점도가 줄어드는 것처럼 보이게 한 '위장검사'로 고객을 속이고 또한 말도 안 되는 액수의 돈을 챙겼다는 혐의이다. '끈적끈적'과 '술술' 중 하나를 선택하라면 왠지 모르게 '끈적끈적'은 피하고 싶은 것이 일본인의 오노마토페 감각인 것이다. 그러나 오카다 마사히코 니가타대학 교수는 본지와의 취재에서 '혈액의 점도와 생활습관병과의 관계는 해명되어 있지 않다'고 말해, 현미경으로 본 '혈액의 호순환'='건강이미지'라는 선입견에 대하여 경고하고 있다. 사기꾼들이 파고든 것은 '목걸이'를 착용하는 것만으로 건강하게 될 수 있다'는 억지스러운 희망인 것이다. 생활습관병 대책은 본인의 상태를 '확실히' 파악해서 '꼼꼼히' 대처하는 것이다.

 　인어는 '한 명'? 아니면 '한 마리'?

　인간은 '명', 동물은 '마리'로 세는 것은 두말할 필요도 없지만, 인간과 물고기의 성질을 반씩 가지고 있는 인어, 혹은 인간과 말이 융합된 켄타우로스는 어떻게 셀 수 있을까요?

　답은 '한 명'입니다. 상상속의 생명체를 셀 경우, 인어가 인간과 동일하게 연애를 한다든지, 켄타우로스가 인간의 언어를 말한다든지 생각하여 우리 자신과 '동류'로 보고, 동물적인 측면을 지닌 상상속의 생명체임에도 '한 명'이라고 셉니다.

　또한, 상상속의 생명체가 인간에게 있어서 어떠한 의미의 존재인지도 세는 방식의 차이에 영향을 미칩니다. 예를 들어 우화를 읽고 있으면 자주 귀신이 등장하는데, 인간을 못살게 괴롭히는 장면에서 '한 마리'라고 세다가 마음을 고쳐먹고 인간적인 성격을 가지게 되면 '한 명'으로 세는 경우가 있습니다. 이것은 '악마 한 마리'에 대해서 '천사 한 명'으로 세어 보면 알 수 있습니다. 한마디로 상상속의 생명체이건 인간이건 호의적인 존재일수록 '한 명'으로 세기 마련입니다.

 　격조사의 계층성

　일본어의 주격(ガ격)과 대격(ヲ격)은 다른 격조사보다 우위에 있으며 주격은 대격보다 우위에 있는데, 이러한 사실은 다음에서 설명하는 형태 및 통어상의 특징을 살펴보면 확인 가능하다.

　구문의 주요부가 되어 주격과 목적격의 기능적인 역할을 수행하는 문법격으로서 'ガ/ヲ/ニ(여격)'이 있는데 이들은 다른 격형식보다도 우위에 있다. 이러한 문법격을 둘러싼 형태로 광의의 장소격으로서 'ニ(위치격)/カ ラ/ヘ'가, 그리고 기준·이동·대칭·비교 등의 추상적인 관계를 나타내는 관계격으로서 'ニ(의거격)/ト/ヨ'가 있다. 이외에 대다

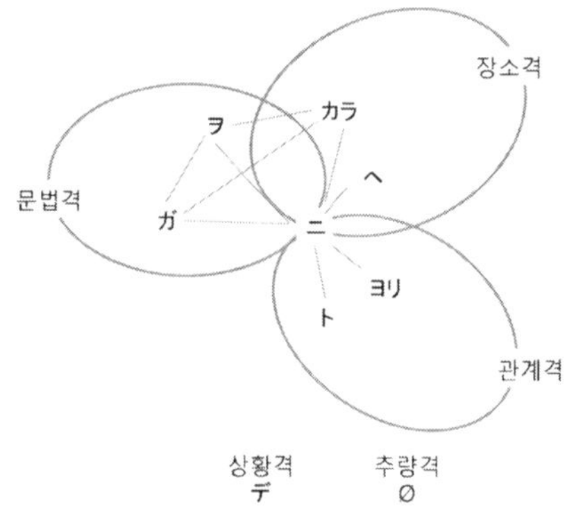

수는 부사 상당어구를 만드는 상황격으로서 デ와 수량격 ∅(1시간, 3킬로, …)가 있다. ……중략……

　격조사 'ニ'는 문법격, 장소격, 관계격의 3개의 그룹에 동시에 걸쳐있는 위치를 차지한다. '弟ニ わたす/あたえる/話す'는 문법격(여격), '東京ニ　いる/住む/のこる'는 장소격(위치격), '叔父ニ　あたる/似る/頼る'는 관계격(의거격)을 각각 나타낸다.

　장소격 그룹에 속하는 격조사는 동일 문장 안에서 공기하는 문법격의 멤버 특히 주격과 대격 명사의 광의의 장소(정적장소·기점·착점)을 규정한다. 또한, 관계격 그룹에 속하는 격조사는 동일 문장 안에서 공기하고 있는 문법격의 멤버 특히 주격과 대격 명사의 추상적 이론적 관계를 규정한다.

　　카테고리와 카테고리 사이의 전체적인 계층관계는 대략 다음과 같다. 그 기준은 1차적 카테고리가 2차적 카테고리보다도 상위의 위치를 차지하고, 1차적 카테고리 안에서는 표현계가 판단계보다도 상위의 위치를 차지한다. 이러한 기본적인 계층관계를 의존관계와 병합해서 그림으로 나타내면 다음과 같다.

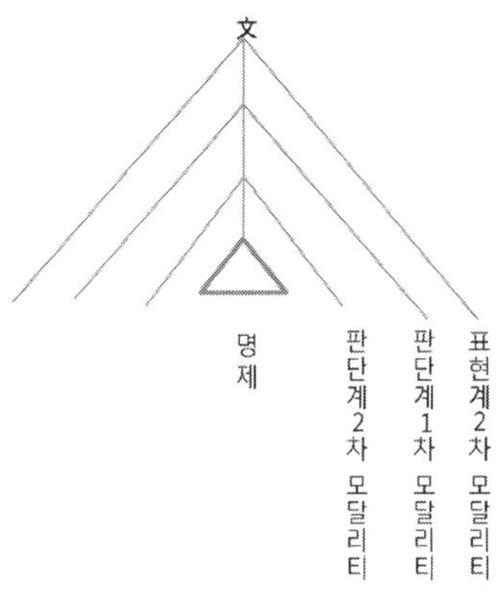

　　계층관계에 대해서 보다 자세하게 설명하면, 표현계에서는 표현·전달 방식에 관한 것이 표현 유형에 관한 것보다, 또한 판단계에서는 대상이 되는 상황에 대한 판단을 나타내는 것이 명제와 명제 사이의 관계를 나타내는 것보다도 각각 상위에 위치한다. 이러한 카테고리와 카테고리 사이의 계층관계와 앞서 설명한 의존관계를 종합하여 모달리티가 관여하는 구조의 전체상을 그림으로 표현하면 다음과 같다.

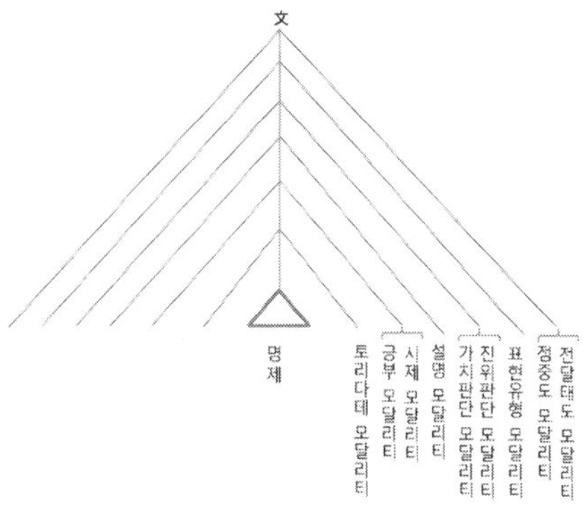

　　우리들은 외부세계의 대상에 대하여 어떤 이미지를 만들어내고 그 이미지를 대입해서 외부세계 대상을 이해한다. 이미지는 구체적인 경험에 근거하여 형성된 심적 표상이다. 또한, 구체적인 경험에 의해 형성된 이미지를 대입해서 대상을 파악하는 것에 그치지 않고, 상황에 따라서는 구체적인 이미지를 확장해 다시 그 확장된 이미지를 대입해서 보다 추상적인 대상을 이해하는 것이다. 외부세계를 파악하는 인간의 인지능력의 일부는 이런 종류의 표현능력에 의해 유지되는 것이다. 인간의 창조적인 이해에는 적어도 다음과 같은 인지프로세스를 거친다. (1) 어떤 대상에 관해 구체적인 이미지를 만들어내는 프로세스 (2) 어떤 대상의 이미지를 다른 대상으로 확장하는 프로세스 (3) 어떤 대상의 이미지를 다각적인 시점에서 재구성하는 프로세스. 우리들은 어떤 대상이 추상적이고 실체를 직접적으로 파악할 수 없는 경우, 이에 관해 어떤 구체적인 이미지를 만들어내고 이렇게 만들어진 이미지를 대입해서 그 대상을 이해하려고 한다. 또한, 이렇게 해서 만들어진 이미지를 또 다시 확장해서 다른 대상에 적용하고 당초의 이미지를 새로운 시점으로 유난하게 재구성한다. 이런 종류의 능력은 외부세계의 창조적인 이해를 가능하게 하는 인간의 인지능력의 근간이 된다. 또한, 이러한 능력의 일부는 구체적인 단어의 형식과 의미의 세계에 다양한 형태로 반영되어 있다.

➡ 11페이지

<표 0-1> 일본어의 생략어 예시

생략방식	예
한자어의 생략	국연(국립국어연구소) 재일(재일한국인) 자민당(자유민주당) 일경련(일본경영자단체연합)
가타가나어 생략	백화점 메일 매거진 메일 어드레스 에어컨 아파트 편의점
한자어와 가타가나의 혼용생략	노래방 인터넷 상거래

➡ 12페이지

<표 0-2> 일본어의 KY식 일본어 예시

KY식 일본어	의미
AKY	일부러 분위기를 읽지 않음
AM	바보스러움이 드러남
CC	매우 귀여움
DK	중요한 순간에 실수함
HD	한가할 때 전화함
JH	의미불명
JK	여고생
KY	분위기를 읽지 못함

➡ 14페이지

a. 매우 피곤했다!

b. 매우 졸리다!

c. 전혀 멋지다.(?)

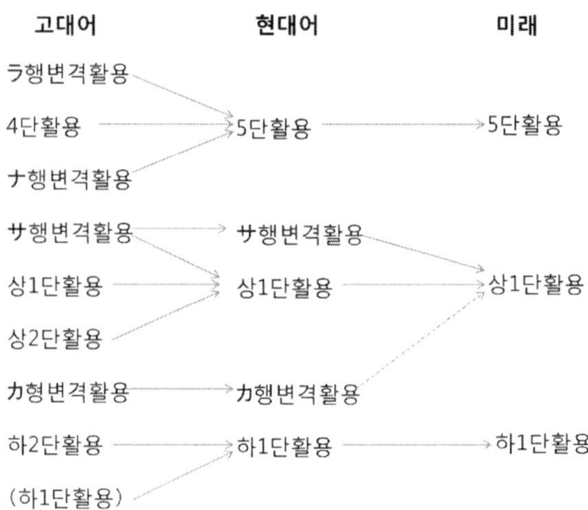

| 붙임 | 맺음 | 주　　문 | 전문 |

어느덧 봄이 무르익었습니다. 모두들 어떻게 지내시는지요? 저희 집의 튤립도 어느덧 활짝 피었습니다. 마치 동화 속에서나 볼 수 있을 법한 빨갛고 하얗고 노란 세 가지 색이 아름답게 한 줄로 늘어져서 그 고운 자태를 드러내고 있습니다.

이번 주말에는 벚꽃이 만개해서 각지에 사람들이 빈틈없이 들어설 것이라고 들었습니다. 저희 집 근처에 있는 사카이가와에서는 매년 벚꽃이 흐드러져 이 시기가 되면 벚꽃축제가 열립니다. 작년에는 저희 가족 모두가 함께 꽃구경을 다녀왔습니다. 사람들이 너무 많아서 사람들과 부딪치며 산책하였습니다. 여유있게 꽃구경을 감상할 수는 없었습니다. 동봉한 사진은 그때 찍은 것이랍니다.

아직 추위가 가시지 않았습니다. 감기에 걸리지 않도록 각별히 건강 조심하세요.

2014년 10월 1일

스즈키 카즈야

<그림 0-5> 정형화된 편지형식

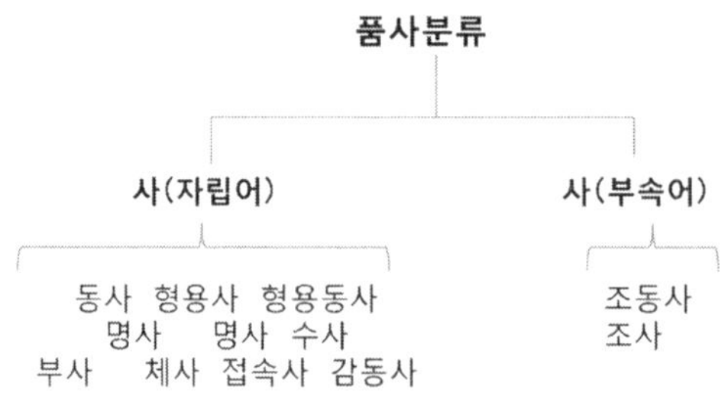

<그림 0-8> 하시모토의 품사분류 개관

▶ 28페이지

"단어 구분(품사)는 우리들이 본질적인 실체를 정확히 파악하기는 어렵지만 문법적인 기술을 위해서 매우 중요하다. 이에 대한 본질적인 실체를 정확히 파악하기 어려운 이유는 품사는 손으로 만질 수 있는 구체적인 조형물이 아닐뿐더러 우리의 심상에 존재하는 개념이기 때문인 것이다."

Aarts & Haegeman(2006:117)

▶ 29페이지

일본어의 명사는 '대명사', '물질명사', '사태명사', '장소명사', '방향명사', '시간명사' 등 기본적인 의미범주로 나누어 생각할 수 있다. 이들의 의미범주는 '사람', '물건', '사태', '장소', '방향', '때' 등의 명사에 의해 대표되며, 의문어, 지시어와 깊은 관련을 가진다. 의문을 나타내는 명사는 이것이 지시하는 대상의 의미범주에 의해 서로 다른 형식이 사용된다. 즉, '사람명사'에는 '누가'가, '사물명사' 및 '사태명사'에는 '어느 것' '무엇'이, 장소명사에는 '어디'가, '방향명사'에는 '어느 쪽'이, '시간명사'에는 '언제'가 사용된다.

마스오카(1999:33)

▶ 32페이지

    a. <고장중>이라는 팻말이 걸린 화장실 문이 열리고 반쯤 몸이 나온 남자가 안에서 자동소총을 끄집어냈다.
    b. 아무리 청결하게 했다고 해도 공기 중의 잡균도 안으로 들어가기 마련이니까 피하는 것이 무난하다.
    c. 국경은 우리가 서있는 곳에서 불과 10미터 앞이다.
    d. 동료가 심장마사지와 인공호읍을 하고 있을 때 젊은이들이 돌아왔다.

▶ 36페이지

    1. '물건'
      a. 어떤 것을 먹었습니까?
      b. 인생이라는 것은 그렇게 생각대로 되는 것이 아니야.

    2. '사태'
      a. 어떤 일이 있어도 끝까지 해낸다.
      b. 일본어를 말할 수 있습니다.

    3. '장소'
      a. 어떤 장소에 살고 싶습니까?
      b. 바쁠 때에 실례하겠습니다.

▶ 37페이지

    a. 그 남자는 처음부터 신용할 수 없다.
    b. 빵 테두리로 만드는 간단 안주 레시피
    c. 그 남자는 듣는 귀가 없다.

➡ 42페이지

<표1-2> 'じん'과 'にん'의 용례

~じん	~にん
한국인	교섭인
관서인	변호인
지구인	장인
우주인	예능인
연예인	지배인
거인	관리인

➡ 44페이지

a. 책상 위에 책이 있다.

➡ 45페이지

<표1-4> 일본의 신구 업종 예시

전통적인 업종	비교적 신종 업종
이발소	네일아트
목욕탕	케이크
라면가게	정보
스모선수	애견
도장가게	가전제품
제과점	복권

➡ 50페이지

<표 1-8> '기'가 들어가는 관용구 예시

마음이 맞다	내키다 않다	기분을 나쁘게 하다	성미가 급하다
관심이 있다	성급하다	기분이 울적해지다	풀이 죽다
생각이 많다	내키다	마음이 내키다	해이해지다
스스럽지 않다	애가 타다	만족하다	마음에 들다
서름하다	마음이 약하다	정신이 돌다	마음에 들지 않다
마음이 무겁다	신경 쓰이다	정신이 산란하다	신경을 쓰다
마음이 가볍다	거슬리다	깨닫다	정신을 잃다
눈치가 빠르다	신경 쓰이다	기가 세다	배려하다
속이 상하다	맥이 빠지다	정신이 아찔해지다	주의하다
미치다	신경써주다	마음이 느긋하다	기운을 다시 내다
애태우다	마음을 빼앗기다	정신이 빠지다	마음을 끌다
긴장을 풀다	긴장을 늦추다	기분이 좋아지다	방심하다

▶ 53페이지

<표 2-1> 형용사의 활용

	연체형	종지형	부정형
활용형	~いN	~い。	~くない。
イ형용사	빨간 사과 큰 가방	사과가 빨갛다	사과가 빨갛지 않다
활용형	~なN	~だ。	~ではない。
ナ형용사	예쁜 눈 한가한 때	눈이 예쁘다. 한가하다.	눈이 예쁘지 않다. 한가하지 않다.

▶ 57페이지

a. 방이 좁아서 물건을 놓을 수 없다.

b. 애인이 죽어서 슬프다.

c. 오늘 덥네요!

▶ 58페이지

<표 2-4> 주요 형용사의 리스트 3대분류 예시

속성형용사	감각형용사	감정형용사
빨갛다	밝다	즐겁다
새롭다	덥다	재미없다
크다	춥다	재미있다
낮다	따뜻하다	귀엽다
깊다	시끄럽다	예쁘다
싸다	맛있다	좋아하다
길다	시원하다	매우 좋다
가볍다	차갑다	매우 싫다
가깝다	맛없다	갖고 싶다
빠르다	달다	유감이다
짧다	맵다	걱정이다
어렵다	냄새 나다	싫다
많다	짜다	기쁘다
나쁘다	시다	슬프다
강하다	아프다	엄하다
두껍다	지루하다	무섭다
딱딱하다	힘들다	부끄럽다

➡ 59페이지

<표 2-5> 대립적인 의미를 나타내는 형용사 예시

하얗다	↔	까맣다
크다	↔	작다
새롭다	↔	낡다
높다	↔	낮다
빨갛다	↔	파랗다
가깝다	↔	멀다
빠르다	↔	느리다
많다	↔	적다
가볍다	↔	무겁다
넓다	↔	좁다
길다	↔	짧다
강하다	↔	약하다
둥글다	↔	네모랗다
얇다	↔	두껍다

➡ 60페이지

a. 작은 손으로 피아노를 치는 것은 어렵다.
b. 아이가 작은 조그마한 손으로 피아노를 잘 치고 있다.

➡ 62페이지

a. 상대에게 신용 받지 못하는 것은 슬프죠.
b. 질투해 주면 그건 그걸로 기쁜 일이지만...

c. 당신은 슬프다.(×)
d. 당신은 기쁘다.(×)
e. 책상을 두드리며 분통하다.
f. 동정심을 끌어내기 위해서 일부러 괴로워하다.
g. 모두가 그녀 옆에 앉고 싶어하다.

➡ 64페이지

a. 딸이 예뻐서 어찌할 바를 모르다.
b. 우리 딸은 귀여운 편이다.

▶ 69페이지

a. 우리는 매일 7시에 일어납니다.

b. 나도 같이 간다.

c. 아빠는 잘 밥을 챙겨먹고 있는지...

d. 아빠는 올 때마다 선물을 사가지고 온다.

▶ 72페이지

a. 어제 일이 오후 7시에 모두 끝나서...

b. 약 13분후에 신간선은 종점인 모리오카역에 도착한다.

c. 일본어를 2년 공부했다는 장 씨는 솔직한 말을 털어놨다.

d. 돌아올지 말지 모르는 사람을 기다리는 것은 힘들다.

▶ 73페이지

a. 거의 매일 텔레비전을 봅니다.

b. 상상도를 그려 봅시다.

c. 아버지는 미안한 듯이 젓가락을 내려놓았다.

d. 사이즈를 기억해두면 편리하다.

e. 우선 전날 안 군에게 배운 '생갈비'라고 하는 양념이 안 된 고기를 받았다.

▶ 81페이지

a. 어제는 4개월만에 미용실에 갔다왔습니다.

b. 작년은 피지 않았지만, 올해는 꽃이 많이 피었다.

c. 이제 슬슬 여름휴가를...라고 생각한 터!

d. 상당히 어휘가 늘어났네요.

e. 후지하라 노리카의 머리를 자르는 것만으로 이미 본인은 대스타!

f. 카메이가 죽은 것은 그로부터 10일정도 후의 일이었다.

g. 북을 두드리면서 오는데, 부르고 있는 노래가사가 참 여유있어요.

h. 시골 마을을 걷고 있자니 야채 무인판매대가 있다.

▶ 82페이지

a. 부엌칼이 있으면 고기를 자를 수 있었지만 그때는 가지고 있지 않아고...

b. 집에 가까이 오기 오래 전부터 풍기는 냄새는 생선 굽는 냄새다.

a. 한 시간 동안 고기를 굽고 있다.

b. 집에 돌아와 있다.

▶ 83페이지

<표 3-3> 대칭관계를 이루는 동사 예시

주체동작·객제변화 동사	주체변화 동사
멈추게 하다	멈추다
돌리다	돌다
모으다	모이다
쓰러뜨리다	쓰러지다
끄다	꺼지다
고치다	낫다
부스다	부서지다
떨어뜨리다	떨어지다
녹이다	녹다
쪼개다	쪼개지다

▶ 89페이지

a. 아이가 죽다.

b. 아이가 죽는 일을 당하다.

c. 아이가 울다.

d. 아이가 우는 일을 당하다.

▶ 90페이지

a. 아이린, 나랑 이야기 할 때는 보통 친구하고 이야기 할 때의 말투를 사용해도 괜찮아.

b. 나는 허브차를 마실 때, 순간순간 냄새를 맡으면서 마십니다.

▶ 91페이지

a. 뼈가 부러지다.

b. 공원을 한 시간 동안 걸었다.

c. 졸업하고 잠시 쉬었다.

<표3-8> 광의의 주체변화 동사 예시

공간의 이동	신분의 변화
나오다	취직하다
날다	입학하다
오르다	결혼하다
건너다	이혼하다
지나가다	졸업하다

■ 92페이지

a. (나) 기뻐/기뻤다.

b. 그 사람은 기뻐/기뻤다. (?)

c. (나) 배가 아파/아팠다.

d. 그 사람은 머리가 아파/아팠다. (?)

e. (나) 부끄러워/부끄러웠다.

f. 다나카 씨는 부끄러워/부끄러웠다. (?)

g. (나) 곤란해/곤란했다.

h. 다나카 씨는 곤란해/곤란했다. (?)

<표3-9> 감정동사 & 감각동사 예시

감정동사	감각동사
동경하다	아파하다
신경이 곤두서있다	느끼다
진력나다	아찔하다
두려워하다	저리다
감동하다	피곤해하다
질투하다	두근두근하다
망설이다	얼굴이 달아오르다
기뻐하다	울컥거리다

■ 94페이지

<표 3-10> 정태동사 예시

'ている' 불가	언제나 'ている'
있다	출중하다
필요하다	치솟다
가능하다	닮다
지나치게 ~하다	응어리지다
해당하다	면하다

■ 95페이지

a. 도라에몽이 있다.

b. 곰돌이 푸하고 친구가 됐다.

c. 키티가 제일 좋아!

■ 105페이지

a. 옛날에는 천둥번개가 우르르 치는 것처럼 멀리까지 들린다.

b. 복권이 하늘에서 팔랑팔랑 춤추듯이 내려온다.

c. 전신이 덜덜 떨렸습니다.

▶ 106페이지

    a. 문을 두드리다.

    b. 종을 치다.

    c. 언덕을 굴러내려오다.

    d. 날개짓하다.

    e. 땀을 흘리다.

    f. 화내다.

▶ 122페이지

    a. 밤샘해서 책을 읽었습니다.

    b. 야마다 씨는 프랑스어를 잘합니다.

    c. 비가 내렸기 때문에 운동회가 중지되었습니다.

    d. 오늘은 좋은 날씨네요.

▶ 124페이지

    a. 엄마가 아이를 야단치다.

    b. 아이가 엄마한테 혼나다.

▶ 125페이지

    a. 책을 책상 위에 놓다.

    b. 영화관에 가다.

    c. 대학생이 되다.

    d. 공원에서 놀다.

    e. 지진으로 집이 쓰러지다.

    f. 종이로 비행기를 만들다.

    g. 10시까지 자다.

    h. 일본에서 돌아오다.

    i. 쌀로 술을 만들다.

    j. 5시까지 일하다.

    k. 하카타까지 전차로 가다.

    l. 친구까지 배신하다.

    m. 고베에 가다.

    n. 남쪽으로 향하다.

▶ 129페이지

    a. 물을 마시고 싶다.

    b.물이 마시고 싶다.

c. 물을 천천히 마시고 싶다. (○)

d. 물이 천천히 마시고 싶다. (×)

▶ 131페이지

a. 오늘은 뭘로 할까요?

b. 나는 우나기다.

▶ 133페이지

a. 사택만 있으면 근무한다.

b. 부자도 가난뱅이도 같아요.

c. 선생님도 한자를 잊어버릴 때가 있다.

d. 술까지 마셨다.

e. 술도 마셨다.

▶ 134페이지

a. 주사만으로 낫는다.

b. 주로만 낫는다.

▶ 135페이지

a. 길을 헤매면 전화주세요.

b. 음악을 들으면서 공부한다.

c. 어제 비가 내려서 지면이 젖어있다.

▶ 136페이지

a. 티끌도 쌓이면 산이 된다.

b. 싸면 사겠다.

c. 봄이 되면 꽃이 핍니다.

d. 술을 마시면 얼굴이 빨개진다.

e. 한가해지면 놀러와!

f. 내일 눈이 내리면 배가 출발하지 않겠지.

g. 집에 오려면 전화하고 오세요.

h. 하고 싶다면 마음대로 하지?

▶ 137페이지

a. 제가 중학생이었을 때 그 여자는 아직 초등학생이었습니다.

b. 그 남자는 술을 마시자마자 얼굴이 새빨개진다.

c. 어른이 되고나서는 너무 늦어.

d. 수업이 끝난 후 곧 집에 돌아갔다.

e. 여행을 떠나기 전에 해외안전정보는 요 체크!

f. 기어오르려고 하기도 전에 힘이 지쳐버립니다.

138페이지

a. 시합종료 후는 매우 혼잡하므로 돌아가시는 표는 지금 사두세요.

b. 위험하니까 안으로 들어가서는 안됩니다.

139페이지

a. 여기는 역에서 가깝기 때문에 월세가 조금 비싼 법이다.

b. 비가 내렸기 때문에 시합이 중지되었다.

a. 선생님 덕분에 일본어를 잘하게 되었습니다.

b. 동료가 쉬었기 때문에 잔업을 하게 되었습니다.

140페이지

a. 음... 아마도 내일까지는 자택에 돌아올 수 없겠죠.

143페이지

a. 당신의 젊음이 무서워요.

b. 음... 예뻐!

c. 이제 슬슬 끝내자!

d. 당신도 해주겠죠!

144페이지

a. 같이 먹을까요?

b. 내일 날씨가 좋을까?

c. 오늘은 좋은 날씨네요.

d. 회의 2시부터 맞죠?

e. 가자! 토후쿠로...!

f. 그렇게 쉽게 내버려두지 않겠다.

g. 술을 마셨으면 운전하지마!

h. 운전할 거라면 마시지마!

i. 내일은 오겠지.

j. 그건 그걸로 됐어.

k. 귀여운 인형이네!

l. 물은 나오지 않고, 전기는 끊어지고...

참고문헌

Aarts, Bas and Liliane Haegeman(2006) English word classes and phrases. In: Bas Aarts and April McMahon The handbook of English linguistics. Malden MA: Blackwell Publishers. 117-145.

Hartmann, R.R.K., and F.C. Stork.(1972) Dictionary of language and linguistics. London: Applied Science.

Richards, J. C., Platt, J., & Weber, H.(1985) Longman dictionary of applied linguistics.   London: Longman.

飯田朝子(2013)『数え方の辞典』小学館

井島正博(1992)「限定表現の多層的分析」『中央大学文学部紀要文学科』69

大野晋(1978)『日本語の文法を考える』岩波書店

景山太郎(1997)『動詞意味論』くろしお出版

池上嘉彦(1975)『意味論-意味構造の分析と記述』大修館書店

池上嘉彦(1995)『<英文法>を考える-<文法>と<コミュニケーション>の間』ちくま学芸文庫

池上嘉彦(2004)『認知文法論Ⅱ』大修館書店

伊坂淳一(1996)『ここからはじまる日本語学』ひつじ書房

石綿敏雄(1985)『日本語のなかの外国語』岩波新書

井上史雄(1998)『日本語ウォッチング』岩波新書新赤版

小川早百合(1999)「現代日本語における男女差の現れと日本語教育-意識・実態調査の分析-」日本語教育研究会論文集7

玉村文郎編(1992)『日本語学を学ぶ人のために』世界思想社

尾上圭介(1999)『大阪ことば学』創元社

神尾昭雄(1990)『情報のなわ張り理論』大修館書店

加藤彰彦ほか編(1989)『日本語概説』おうふう

北原保雄(1995)『概説日本語』朝倉書店

金水敏・沼田善子(2001)『時・否定と取り立て』岩波書房

工藤浩ほか(1993)『日本語要説』ひつじ書房

窪薗晴夫(1999)『日本語の音声』岩波書店

国立国語研究所(1990)『敬語教育の基本問題(上)』大蔵省印刷局

国立国語研究所(1992)『敬語教育の基本問題(下)』大蔵省印刷局

国立国語研究所(2001)『日本語教育のための文法用語』財務省印刷局

小松茂美(1968)『かな―その成立と変遷―』岩波新書

小松英雄(1979)『いろはうた―日本語史へのいざない』中公新書

小松英雄(1981)『日本語の世界7 日本語の音韻』中央公論社

坂原茂)1985)『日常言語の推論』東京大学出版会

佐藤武義(1996)『展望現代の日本語』白帝社

清水由美(1992)「「がる」再考」『言語文化と日本語教育』

鈴木孝夫(1973)『ことばと文化』岩波書店

角田太作(2009)『世界の言語と日本語』くろしお出版

高橋太郎ほか(2005)『日本語の文法』ひつじ書房

築島裕(1964)『国語学』東京大学出版会

築島裕(1977)『国語の歴史』東京大学出版会

築島裕(1986)『歴史的仮名遣い―その成立と特徴』中公新書

寺村秀夫(1987)『ケーススタディ日本文法』おうふう

寺村秀夫(1982)『日本語のシンタクスと意味Ⅰ～Ⅲ』くろしお出版

寺村秀夫(1991)『日本語のシンタクスと意味Ⅲ』くろしお出版

徳川宗賢(1979)『日本の方言地図』中公新書

中野 洋(1996)『パソコンによる日本語研究法入門―語彙と文字―』笠間書院

西光義弘(1999)『日英語対照による英語学概論-増補版-』くろしお出版

仁田義雄(1997)『日本語文法研究序説』くろしお出版

仁田義雄(2000)『文の骨格』岩波書店

沼田善子(1995)『日本語の主題と取り立て』くろしお出版

野田 尚史(1991)『はじめての人の日本語文法』くろしお出版

馬渕和夫(1993)『五十音図の話』大修館書店

益岡隆志・田窪行則(1999)『基礎日本語文法－改訂版』くろしお出版

益岡隆志(2001)『モダリティの文法』くろしお出版

南不二男(1993)『現代日本語文法の輪郭』大修館書店

森田良行(1989)『ケーススタディ 日本語の語彙』おうふう

森光有子(2010)「ことばの違いから文化を読む」『相愛大学人文科学研究所研究年報』4

山田孝雄(1908)『日本文法論』寶文館

山田孝雄(1992)『日本口語法講義』宝文館

山田孝雄(1936)『日本文法学概論』宝文館

山梨正明(1988)『比喩と理解』東京大学出版会

山梨正明(1995)『認知文法論』ひつじ書房

橋本進吉(1934)『国語法要説』『國語科學講座』明治書院

橋本進吉(1969)『助詞・助動詞の研究』『橋本進吉著作集第8冊』岩波書店

橋本進吉(1980)『古代国語の音韻に就いて』岩波文庫

長谷川信子(1999)『生成日本語学入門』大修館書店

古田東朔ほか(1980)『新国語概説』くろしお出版

 이 준 서

1999년 고려대학교 일어일문학과를 졸업하고, 2006년에 일본의 고베대학[神戸大学]에서 문화구조 전공으로 박사학위를 취득했다. 2013~2014년에는 미국의 RICE대학(언어학과)에서 방문교수로 연구활동을 수행한 바 있다. 2014년부터 한국 일어일문학회에서 상임이사를 맡고 있으며, 현재 성결대학교 동아시아물류학부 (동아시아학 전공) 부교수로 재직 중이다. 최근에는 다중언어 '문화이미지프레임' 연구에 관심을 가지고 이와 관련된 연구 프로젝트를 적극적으로 수행하고 있다.

보이는 일본어 (문법편)

초판인쇄 2015년 02월 25일
초판발행 2015년 02월 28일

저　　자 이 준 서
발 행 인 윤 석 현
발 행 처 제이앤씨
책임편집 최인노 · 김선은 · 최현아
등록번호 제7-220호

우편주소 ⑫ 132-881 서울시 도봉구 우이천로 353 / 3F
대표전화 02) 992 / 3253
전　　송 02) 991 / 1285
홈페이지 http://www.jncbms.co.kr
전자우편 jncbook@hanmail.net

ISBN 978-89-5668-306-5　13730　　　　　　　　정가 13,000원